LEITUNGSWISSEN kompakt

Krisenmanagement in Kindertageseinrichtungen

Fachwissen, Methoden und Praxisimpulse

Anja Mannhard
unter Mitarbeit von Wolfgang Hein

Cornelsen

Leitungswissen kompakt
Krisenmanagement in Kindertageseinrichtungen –
Fachwissen, Methoden und Praxisimpulse

Autorin
Anja Mannhard unter Mitarbeit von Wolfgang Hein

Lektorat
Katia Simon, Essen

Umschlagkonzept und -gestaltung
Corinna Babylon, Berlin

Satz und Layout
LemmeDESIGN, Berlin

Druck
AZ Druck und Datentechnik GmbH, Kempten, DE

Verlag an der Ruhr
Mülheim an der Ruhr
www.verlagruhr.de

ISBN 978-3-8346-5284-3

Inhalt

Geleitwort

Sehr geehrte Leserschaft,
da Sie auf diese Zeilen schauen, haben Sie ein Buch zur Hand genommen, in dessen Titel das Wort „Krise“ tonangebend ist.
Können Sie das Wort überhaupt noch hören? Seit geraumer Zeit vergeht kaum eine Nachrichtensendung, ohne dass es uns „um die Ohren gehauen“ wird: Finanzkrise, Flüchtlingskrise, Coronakrise. Regierungen und nun auch Verwaltungen arbeiten nur noch im Krisenmodus. Da sagt so mancher Mensch: Ich krieg die Krise!
Ist die Konfrontation mit krisenhaften Entwicklungen und Zuständen also eine Ausnahmesituation, oder ist die Anforderung, Krisen zu bewältigen, ein wesenhafter Teil des menschlichen Lebens? Und hören wir nicht auch, aus Krisen könnten Chancen hervorgehen?
Mir persönlich fällt bei diesen Fragestellungen sehr schnell der Entwicklungspsychologe Erik H. Erikson ein, der mich schon während des Studiums stark beeindruckt hat. Er hat sich in seiner Forschungstätigkeit nicht auf das Kindes- und Jugendalter beschränkt, sondern diese bis hin zum „reifen Erwachsenenalter“ ausgedehnt und für jede der von ihm aus damaliger Sicht (1960er-Jahre) definierten acht Lebens- und Entwicklungsphasen die typische Krise und die entsprechenden Entwicklungsaufgaben beschrieben (vgl. Erikson, E. H.: Identität und Lebenszyklus, S. 55 ff. und S. 214 f.). Ziel und Gegenstand der Entwicklung in diesem Sinne ist die Herausbildung der individuellen Ich-Identität.
Am augenfälligsten für eine breite Öffentlichkeit dürften krisenhafte Verläufe in der Pubertät sein. Widersprüchliche Impulse biologischer (Wachstum, Hormonsystem) und sozialer Art (gesetzlicher Status, Initiationsriten, Zuwachs an Rechten und Pflichten) verunsichern sowohl den jungen Menschen (Wer bin ich in den Augen anderer, und wie verträgt sich das mit meinen Wünschen?) als auch seine soziale Umwelt (Heute nahezu erwachsene Verantwortlichkeit und morgen wieder kindlicher Unfug – wie soll man darauf reagieren?).

Ähnlich bekannt und häufig erwähnt ist auch die sogenannte Midlife-Crisis, eine Zeit der Verunsicherung erwachsener Menschen, deren Lebensumstände (Karriere, Partnerschaft etc.) zu stagnieren drohen, die evtl. den Zenit ihrer Leistungsfähigkeit überschritten sehen und sich bange fragen, wie ihr Selbstbild mit der Fremdwahrnehmung künftig in Einklang zu bringen sei.

Individuell werden Menschen auch durch Krankheit oder durch äußere Faktoren (z. B. Arbeitsplatzverlust, politische Entwicklungen, Tod einer wichtigen Bezugsperson) in Lebenskrisen versetzt. Ähnliches gilt auch für Arbeitsgruppen in den in Kapitel 3 (ab S. 40) angeführten Beispielfällen.

Zusammenfassend kann gesagt werden, dass Krisen die bisher bestehende Routine und damit Sicherheit durchbrechen und zu einer Neuorientierung, einer Entscheidung zwingen. Hier ist nun der Punkt erreicht, die Krise sprichwörtlich als Chance zu begreifen. Bisher genutzte und gebräuchliche Modelle und Vorgehensweisen genügen nicht mehr, um die anstehenden Aufgaben zu erfüllen, und bedürfen zumindest der Erweiterung. Sind die Beteiligten wagemutig genug, kann aber sogar auch die Aufgabenstellung selbst hinterfragt und ggf. variiert werden. (Zur systemischen Betrachtung von Krisen vgl. z. B. Jan v. Wirth 2019.)

Auch von der systemisch orientierten Psychotherapie lässt sich einiges zur Thematik lernen. Steve de Shazer und seine Mitarbeitenden gehen so weit, zu behaupten: „Änderung ist ein ständiger Prozess, Stabilität ist eine Illusion" (De Jong/Berg 2003, S. 319).

Aus eigener Erfahrung aus der Tätigkeit in der Erziehungshilfe kann ich bestätigen, dass das Sich-Befinden in einer Krisensituation belastend ist, die erfolgreiche Bewältigung einer Krise jedoch Glücksgefühle auslöst und das Bewusstsein der eigenen Leistungsfähigkeit enorm steigert. Im Wiederholungsfalle führt dieser Erfolg zu einer Haltung von Gelassenheit gegenüber künftigen Anforderungen, die sich am besten in dem Satz ausdrücken lässt: Mir wird im entscheidenden Moment schon etwas Nützliches einfallen.

Allerdings sind neben Mut zur Veränderung auch die Bereitschaft, sich selbst und das eigene Handeln zu hinterfragen bzw. hinterfragen zu lassen, und psychische bzw. emotionale Stabilität gute Voraussetzungen, um sich in Krisensituationen zu bewähren. Und manches Mal ist das Mobilisieren professioneller Unterstützung der entscheidende Schritt zur Lösung.

Ein Teil der professionellen Unterstützung kann darin bestehen, bereits analysierte und reflektierte Erfahrungen anderer Personen heranzuziehen, mit der eigenen Situation abzugleichen und ggf. Anregungen für alternative Handlungsmöglichkeiten auszuprobieren. Ein solches Angebot stellt das vorliegende Buch dar. Anja Mannhard fokussiert ihre Ausführungen auf Krisensituationen, in denen pädagogische Teams (mit dem Schwerpunkt Tageseinrichtungen für Kinder) häufiger einmal stecken. Lösungsorientiert gibt sie Impulse zum Verständnis der jeweiligen Situation, zu alternativen Wahrnehmungsweisen und Handlungsmöglichkeiten. Vertiefend kommen grundsätzliche Erwägungen zur Sprache, die Bausteine einer Krisenfestigkeit, anders ausgedrückt, einer Resilienz gegenüber Krisen werden können (vgl. Kürschner-Kloiber 2020).

Lassen wir uns also durch dieses Buch ermutigen, den unvermeidlichen Krisen mit Gelassenheit, Selbstbewusstsein und dem Willen zu gemeinsamer Anstrengung entgegenzugehen. Möge es dazu beitragen, dass viele von Ihnen immer wieder sagen können: Das haben wir doch prima hingekriegt!

Beste Wünsche dazu

Wolfgang Hein
Diplom-Pädagoge im Ruhestand

1 Krise und Intervention

> ***Dennoch***
> *Diese Erfahrungen ins Nichts*
> *und Vergessen pusten.*
> *Sie haben keinen Bestand.*
> *Leidenschaft, Zukunft und Hoffnung.*
> *Nicht Gleichgültigkeit*
> *erwacht. Jetzt.*
> *Anja Mannhard*

Geraten die Leitung und das Team in eine Krise, kommt das (soziale) Miteinander in ein Ungleichgewicht. Kennzeichen einer Krise ist, dass wir mit den Ereignissen und Umständen nicht mehr auf gewohnte Weise zurechtkommen. Diese überfordern bisherige Kenntnisse, Erfahrungen, Strategien und Fähigkeiten. Die mit der Krise einhergehenden, unangenehmen Empfindungen und Gedanken sind gleichermaßen gesundes Warnsignal, weil diese auf das fehlende Gleichgewicht in der Teamarbeit aufmerksam machen. Ist die Krise auf wenige Wochen begrenzt und können wir nach dem anfänglichen Schreck Möglichkeiten ihrer Bewältigung finden, ist die zeitweise Verletzlichkeit der Teamarbeit eine Übergangsphase, und das Miteinander kann verändert, neu und oft auch gestärkt fortgesetzt werden. Problematisch sind Krisen, wenn sie sich chronifizieren und nicht erfolgreich bewältigt werden. Sie werden entweder nicht richtig wahrgenommen und eingeordnet, verleugnet und verdrängt oder dramatisiert und aufgebauscht. Letzteres ist vor allem der Fall, wenn wir vornehmlich emotional statt auch rational auf die Geschehnisse reagieren.

1.1 Zyklische Krisenbearbeitung

Es gibt zum einen in äußeren Faktoren und Umständen Anlässe für Krisen, die in einem Team das (soziale) Gleichgewicht stören, und zum anderen individuelle und subjektive Auslöser, die die Leitung und jedes Teammitglied betreffen. Auslöser kann ein plötzlich eintretendes Ereignis sein, das das soziale Gefüge stört, beeinträchtigt oder bedroht, wie beispielsweise eine Verleumdung gegen das Team oder eine Aufsichtspflichtverletzung, aus der ein Unfall eines Kindes resultiert. Krisen können aber auch durch schleichende oder schnelle Veränderungen ausgelöst werden, wie beispielsweise durch die Kündigung von zwei Mitarbeitenden eines Teams, für die nicht zeitnah eine Nachfolge gefunden werden kann, oder vom Träger eingeleitete Veränderungen in den Rahmenbedingungen der Tätigkeit.
Krisen können durch unerwartete Vorkommnisse ausgelöst werden, die ein schnelles Eingreifen erforderlich machen, vorhersehbar als sich anbahnende Entwicklungen oder durch anstehende Veränderungen. Während wir durch erstere überrascht werden, können wir uns auf letztere vorbereiten oder einer Krisenentwicklung vorbeugen.

Der typische Verlauf einer Krise

Jede Krise hat einen typischen Verlauf, der sie kennzeichnet:

- *Stufe 1: Erkennen*
  Wir werden mit Umständen konfrontiert, die uns erst einmal erschrecken und aufrütteln. Wir sind aufgeregt und geraten aus unserer Mitte, das Miteinander im Team ist gestört. Die Gefühle sind in Unruhe und häufig unangenehm behaftet und können von expressivem Ausdruck, wie Ärger, Wut und Unverständnis, bis zu innerlichen Emotionen der Hilflosigkeit, Trauer und allgemeinem Unwohlsein gelangen.

- *Stufe 2: Reaktion*
  Je nach struktureller, emotionaler und persönlicher Situation im Team und bei jedem einzelnen Mitglied wirken vor allem individuelle Reaktionsweisen auf das Miteinander ein. Womöglich reagiert ein Teammitglied eher mit offener Aggression, während ein anderes still leidet und sich zurückzieht.

- *Stufe 3: Aktion*
  Die Leitung und das Team stellen sich der Krise, sie analysieren diese und setzen sich mit der Ursache und den Folgen auseinander. Es gibt im positiven Verlauf eine erste Hinwendung auf die Zukunft und eine Abwendung von dem, was geschehen ist, mit dem Wiedererwachen der Teaminteressen und dem Entwickeln erster Perspektiven für das weitere Vorgehen. Im negativen Verlauf wird dieser Blick nicht nach vorn gerichtet, sondern das Team verfällt in seinem Miteinander in Ohnmacht, Resignation und Rückzug, womit es die Krise in eine chronische Entwicklung bringt.

- *Stufe 4: Ausrichtung*
  Je nach positivem oder negativem Verlauf der Stufe 3 (Aktion) gestalten die Leitung und das Team das Miteinander neu, entwickeln Zuversicht und Vertrauen in das soziale Gefüge und können in der bewältigten Krise einen Sinn und Gewinn für die Teamarbeit sehen. Oder das Team kommt miteinander aus der Phase der Betäubung, Resignation oder (destruktiven) Aggressionsentwicklung nicht heraus und stagniert in der Bewältigung der Krise.

Aus zwei möglichen Verläufen – einem positiven und einem negativen – resultieren mögliche Gefahren für die Krisenbearbeitung. Die emotionale Belastung in Krisen ist hoch und kann bei unproduktiver Bewältigung der Ereignisse zu ungünstigen Einstellungen, dauerhaft unangenehmen Gefühlen und unproduktiven Verhaltensweisen bei der Leitung und dem Team führen. Das soziale Gefüge kann damit dauerhaft im Ungleichgewicht bleiben und nach kurzer oder längerer Zeit zersplittern. Deshalb ist das frühzeitige Wahrnehmen und Einordnen der Krise, die Analyse und Kommunikation zu den Umständen und zur Gefühlslage im Team und das Entwerfen sinnvoller und zielführender Maßnahmen für die Zukunft eine wichtige Leitungskompetenz.

Die Handlungskompetenz der Leitung

Die Handlungskompetenz der Leitung in der Zusammenarbeit mit dem Team sollte Folgendes umfassen:

1. eine positiv ausgerichtete Haltung,
2. ein aktives Verhalten und Handeln,
3. eine Fokussierung auf die konkrete Situation,
4. ein rasches Einbeziehen der an der Krise beteiligten Personen,
5. eine Fähigkeit, sich interne und externe Unterstützung zu holen, sowie
6. einen Glauben und eine Überzeugung, dass sich das Team durch die bewältigte Krise weiterentwickeln und vorankommen wird.

Tipp

Wie kommt die Leitung zum Glauben und zur Überzeugung, dass sich das Team durch die bewältigte Krise weiterentwickeln und vorankommen wird? Hilfreich dabei ist die Beantwortung der folgenden Fragen:

- War die bisherige Teamarbeit gut, und, wenn ja, woran misst sich das?
- Wenn es darauf ankäme, was sollte sofort verändert werden und wie?
- Was täte mir leid, wenn es morgen nicht mehr da wäre?
- Was ist in der Teamarbeit wirklich wichtig?
- Was macht die Teamarbeit bunt?
- Welche Wünsche bestehen an die Teamarbeit?
- Wie möchte das Team in Erinnerung bleiben?
- Was kann jetzt getan werden, um mehr aus der Teamarbeit zu machen?

Zusammengefasst sehen die wichtigsten Schritte zur Krisenbearbeitung so aus:

- Erkennen und Einschätzen der Krise
- Geeignete Maßnahmen der Intervention überlegen
- Bei den ausgewählten Maßnahmen das Verständnis der persönlichen Situation und Reaktion der Leitung und aller Teammitglieder einbeziehen
- Krisenauflösung und Zukunftsplanung
- Den versteckten Schatz aus der Krise bergen

Die Gestaltung der Krise

Es wird deutlich, dass die Leitung zunächst in der Kommunikation mit dem Träger den vermutlichen Auslöser der Krise, aber auch deren tiefere Zusammenhänge erkennen sollte, denn dann lässt sich den Geschehnissen eine gewisse Folgerichtigkeit und auch Sinn abgewinnen. Krisenintervention soll allen die Angst vor notwendigen Veränderungen nehmen und auf das Kommende zuversichtlich einstimmen. Erfolgreiche Krisenbearbeitung gibt Hilfe bei äußeren Problemen, geht aber auch auf die inneren Befindlichkeiten und Denkweisen der Teammitglieder ein. Man sollte sich grundsätzlich fragen, wo es Hilfsquellen und Ressourcen für die Leitung und das Team gibt. Dazu gehören Arbeitsbereiche, die gar nicht oder noch nicht von der Krise betroffen sind, tragfähige Arbeitsbeziehungen und fachliche wie persönliche Ressourcen aller Beteiligten.

Bei dieser Art der Gestaltung der Krise geht es darum, diese immer auch als Chance für die Teamentwicklung und Qualität der Arbeit zu sehen. Verena Kast spricht sogar von der Krise als schöpferischem Prozess, der diese als kreativen Aspekt annimmt: „Wir werden dann kreativ, wenn wir mit den uns bekannten Mitteln und Ideen ein Problem nicht mehr lösen können und wenn uns zugleich sehr daran liegt, dieses Problem zu lösen [...]. Wenn wir uns das Problem, das uns umtreibt, bewusst gemacht haben, erfolgt die sogenannte Vorbereitungsphase, eine Phase, in der wir Material zum Problem sammeln, das Problem aus vielen Perspektiven zu sehen versuchen, Ideen sammeln, wie andere mit dem Problem schon umgegangen sind, ohne dass wir uns hier schon ein eigenes Konzept machen würden. [...] Der Vorbereitungsphase folgt die Phase der Inkubation, während der das Problem im Unbewussten bearbeitet wird. Das ist eine unruhige, frustrierende Zeit. Problemlösungen scheinen auf, werden wieder verworfen [...]. Das Aufleuchten neuer Erkenntnisse gehört zur nächsten Phase des schöpferischen Prozesses, zur Phase der Einsicht. In ihr wird eine deutliche sinnvolle Erkenntnis gefunden. Man atmet auf, das Chaos hat sich geordnet. [...] Die schöpferische Phase kann nun anderen Menschen mitgeteilt werden. Auf die Krise übertragen heißt es, dass wir versuchen, uns darüber klarzuwerden, was sich in uns durch das Bewältigen der Krise verändert hat" (Kast 2017, S. 29–31).

1.2 Krisenbewältigung für Mutige

Statt der Krise aus dem Weg zu gehen, müssen wir ihr ins Auge sehen und sie bearbeiten, um sie zu überwinden. Das bedeutet, Entscheidungen zu treffen, die eigene Bequemlichkeit zu überwinden und sich aktiv um Verbesserungen in der Tätigkeit zu bemühen. Ein lebendiges Arbeitsleben wird nicht ohne Krisen auskommen, da diese aufzeigen, wo etwas ins Ungleichgewicht geraten ist und nach Ausgleich, Wachstum und Entwicklung ruft. Krisenbewältigung erfordert von der Leitung mit ihrem Team emotionale Stärke, eine stabile Haltung und die Fähigkeit, zeitweise mit verstärktem Druck umzugehen. Diese personalen Kompetenzen sollten vom Träger entsprechend unterstützt werden. Manche Leitung bewährt sich gerade in solchen Herausforderungen, weil sie mit sich im Einklang ist und eine eigene Haltung und Einstellung zu den Dingen, die geschehen, vertritt. Diese Stimmigkeit ist keine Fassade oder ein aus den Wünschen anderer zusammengesetztes Bild. Diese Person ist die Summe der Fähigkeiten, die darauf warten, sich entfalten und behaupten zu können. Manch unrealistische Erwartungen werden gerade in einer Krise an die Leitungen mit ihren Teams gestellt, die sich schon unter normalen Bedingungen nicht erfüllen lassen. Herrschen strukturelle Probleme und Mängel auf der übergeordneten Ebene oder schlechte Rahmenbedingungen für die Tätigkeit vor, kann die Leitung darauf an vielen Orten wenig Einfluss nehmen. Gerät ein Team dann in den Krisenmodus, sind erst recht keine Ressourcen da, mit denen sich die Herausforderung stemmen lässt. Oftmals zeigt an solchen Orten eine Krise den Missstand auf, der bereits länger vorhanden ist und, statt angegangen und behoben, unter den Teppich gekehrt und verleugnet wurde. Spätestens in der Krise muss von jeder Ebene aus an der erfolgreichen Bewältigung gearbeitet werden. Es kann sich niemand aus der Verantwortung herausnehmen.

Tipp

„Das Leben ist ein beständiges Werden und Vergehen, ein permanenter Szenenwechsel, eine fortwährende Herausforderung, der wir nicht ausweichen können noch sollten. Eine Berg- und Talfahrt. Es ist fordernd, ungewiss und bisweilen launisch und konfrontiert uns mit Schönem und Schmerzhaftem, mit Erfolg und Frust, mit Liebe und Enttäuschung. Das Leben ist so schön und herausfordernd, es belohnt uns und stellt uns auf die Probe. Und Unglück ist nichts anderes als eine Enttäuschung, ein Problem oder eine Schwierigkeit besonderen Ausmaßes, die es zu meistern gilt [...].

- [...] Akzeptieren Sie, dass man mit Unglück leben muss; meiden, ignorieren und verleugnen Sie es nicht.
- Wir sollten uns darin üben, unsere Fähigkeiten zur Bewältigung von Widrigkeiten auszubauen.
- Wenn Sie ein Unglück als Herausforderung betrachten, können Sie es leichter annehmen und besser damit umgehen" (Navarro 2019, S. 26–33).

Erwartungen und Wirklichkeit

Eine Krise ist schmerzhaft. Eine Widrigkeit, ein Ärgernis oder ein Unglück kann sie auslösen. Eine Krise zeigt auf, dass sich etwas nicht mit unseren Interessen verträgt, und bringt uns durcheinander. Frustration entsteht, wenn sich unsere Erwartungen nicht erfüllen. Hier sollten wir uns fragen: Was habe ich erwartet? Entsprechen meine Erwartungen der Realität, sind sie überhaupt erfüllbar? Wer ist dafür verantwortlich, sie zu erfüllen? Unrealistische Erwartungen können sich nicht erfüllen.

Solange die Erfüllung auf sich warten lässt, sollten wir etwas für uns selbst tun und unsere Erwartungen an die Zukunft, an andere Menschen und nicht zuletzt auch an uns selbst überprüfen. „Auch andere haben Erwartungen an uns, die wir verinnerlichen, uns zu eigen machen. Sie sagen uns, wie wir zu sein haben, was wir erwarten können und wann wir erfolgreich sein müssen, und wir glauben es ihnen. Anhand von Realitätsfetzen, Werbung, von irgendeinem weisen Menschen formulierten Sätzen, von Maximen, die wir in den sozialen Netzwerken gelesen haben, immer wieder nachgebeteten Litaneien, von Illusionen, Ängsten und Wünschen machen wir uns ein Bild von der Welt und vom Leben. Und dieses Bild, dieses Konstrukt halten wir für selbstverständlich, verwechseln dabei jedoch Wunsch und Wirklichkeit, und natürlich geht unser Wunsch nie in Erfüllung. Und da er sich nicht erfüllt, leiden wir. Dieses Leiden ist unnötig, wir hätten es uns ersparen können“ (Navarro 2019, S. 38).

Wenn wir die Realität ignorieren, werden wir als Folge zwangsläufig enttäuscht sein. Unsere Arbeitsbeziehungen sind nicht immer, wie wir sie uns wünschen würden, und andere Menschen tun nicht immer das, was wir gerne hätten. Unser Arbeitsleben ist, wie es ist, und nicht, wie wir es uns ausdenken. Die Enttäuschung ist gleichermaßen das Ende einer Täuschung und damit eine Chance, die Wirklichkeit anzunehmen, wie sie ist.

Produktives Nachdenken

Wie wir die Krise sehen und bewerten, entscheidet maßgeblich darüber, ob und wie stark wir unter ihr leiden. Hier hilft produktives Nachdenken über die Ursachen, Folgen und mögliche Bewältigungsstrategien und kein unproduktives Grübeln, das ins Leere geht. Produktives Nachdenken ist kreativ und pragmatisch, und es verleugnet nicht die Realität, wie es beim fatalistischen positiven Denken propagiert wird. Dies kann sogar schädlich sein, wenn es realitätsfremd ist und echte Gefahren missachtet. Deshalb scheint hier der Begriff des zuversichtlichen oder produktiven Denkens angebracht, weil wir uns damit an die Betrachtung der Wirklichkeit machen. Auch sollten wir keine Verwechslung von Möglichem und Wahrscheinlichem vornehmen. „Wenn wir glauben, alles Mögliche könne passieren, ohne uns klarzumachen, dass es im Grunde nur darauf ankommt, wie groß die Wahrscheinlichkeit ist, dass etwas Bestimmtes passiert, verzerren wir die Wirklichkeit“ (Navarro 2019, S. 44–45).

Die Krise mutig und konstruktiv anpacken bedeutet, Schuldzuweisungen aufzugeben. Je nach persönlichen Erfahrungen sind wir mit Schuld kontrolliert und erzogen worden, und auch in manchem Arbeitssystem finden wir strukturelle Verschiebungen von Verantwortlichkeiten und Schuldzuweisungen, insbesondere dann, wenn Fehler passieren oder ein soziales Gefüge in eine Krise gerät. Wichtig für unsere emotionale Stärke in einer Krise ist, uns nicht für alles verantwortlich zu fühlen, was um uns herum passiert. Dass wir nach dem Grund für das, was geschieht, suchen, ist menschlich und nachvollziehbar, denn wir wollen verstehen. Allerdings ist eine Ursachenzuschreibung von Krisen manchmal begrenzt. Eine alleinige Ursache lässt sich oftmals in komplexen Systemen gar nicht ausmachen, und wir können uns mit unseren (einfachen) Annahmen und Erklärungen auch irren.

Schuld und Verantwortung

Schuld und Verantwortung zu unterscheiden, scheint wesentlich für einen konstruktiven Umgang mit dem eigenen Anteil an einer Krise und dem von anderen Menschen oder den Umständen. Schuldgefühle machen uns klein, während Verantwortlichkeiten uns aufrecht im Arbeitsleben stehen lassen. Wir übernehmen Verantwortung und tragen sie, wie sie mit der Leitungsrolle verbunden ist. So können wir uns fragen, inwiefern wir die Ereignisse selbst kontrollieren können. Wenn wir glauben, keinerlei Kontrolle über das, was passiert, zu haben, nehmen wir die Führungsaufgabe nicht wirklich an. Zwar können wir nicht alles kontrollieren, was uns widerfährt, aber meist doch mehr, als wir glauben. Schließlich geht es auch darum, ob wir glauben, dass die Dinge von Dauer sein werden oder nicht.

Gemeinsam nach vorn schauen

Bei mutiger Krisenbearbeitung nimmt die Leitung mit ihrem Team die Zügel der Tätigkeit und das Handeln (wieder) in die Hand. Das Selbstvertrauen und der Glaube an Möglichkeiten und Wahrscheinlichkeiten werden (wieder-) erlangt. Das Team muss nicht alles allein tun, sondern hier sind Unterstützende gefragt. Nach einer Krise weiterzumachen und diese nicht zu pflegen oder gar chronisch werden zu lassen, bedeutet, sich von den Lasten der Vergangenheit zu lösen. Die Leitung und das Team können hier aktiv nach neuen Erfahrungen suchen, die (wieder) positive Gefühle entstehen lassen. Anderenfalls wird die Krise zum Bezugspunkt und Maßstab des Teams, der die weiteren Entscheidungen und Wünsche maßgeblich bestimmt. Die Krise nicht nur als Gefahr, sondern auch als Chance zu sehen, wie es das chinesische Schriftzeichen für „Krise“ ausdrückt, heißt, den Tiefpunkt anzunehmen und als Anstoß zu sehen, dem Arbeitsleben, den Arbeitsbeziehungen und der Teamarbeit eine neue Wendung oder Note zu geben. Deshalb sollten schon die ersten Zeichen einer Krise wahr- und ernst genommen werden. Wenn wir früh die Weichen neu stellen und nicht warten und leiden, bis nichts mehr geht, können wir uns freier für Veränderungen entscheiden, die noch aus einer kraftvollen Mitte heraus getroffen werden und kein kleineres Übel aufgrund von zu groß gewordenem Leidensdruck darstellen. Wenn wir (stark) leiden, befinden wir uns in einer schlechteren Position, in der uns die Kraft fehlt, wir erschöpft und müde sind und keine Fantasie mehr haben, um uns auf einen neuen motivierenden Horizont für die Zukunft auszurichten.

Tipp

Der Psychologe Tomás Navarro nennt sieben entscheidende Fragen, deren Beantwortung uns hilft, die Krise angemessen wahrzunehmen und einzuschätzen, sowie etwaiges, ihr innewohnendes Potenzial aufzuspüren:

- „Was ist passiert? […]
- Warum ist es passiert? […]
- Wie haben Sie reagiert? […]
- Warum haben Sie so reagiert? […]
- Welche Folgen hatte die Widrigkeit? […]
- Wie sollte das [Arbeits-]Leben Ihrer Meinung nach aussehen? […]
- Was haben Sie aus dem Geschehenen gelernt?"

(Navarro 2019, S. 125–131).

Mut brauchen wir für Herausforderungen, und die Angst geht mit dem Mut einher. Es gibt ja etwas zu überwinden, wenn wir mutig sind. Leichter geht das mit der klaren Ausrichtung auf ein (neues) Ziel, mit Entschlossenheit und mit realistischen Schritten, die wir nach und nach gehen. Wenn wir die Dinge so anpacken und Hindernisse überwinden, sind wir selbstbewusst, selbstwirksam und mutig. Wir wissen, dass der mutige Weg kein bequemer ist. Wir ernten den Lohn, wenn wir mutig handeln, wo es gefragt ist. So oder so gewinnen wir an Stärke.

Tipp

Die Leitung und das Team können immer wieder überprüfen, wo sie ihr Arbeitsleben und die Teamarbeit in die eigenen Hände nehmen und wo sie Selbstverantwortung an andere abgeben.

1.3 Fitness für die Krisenbearbeitung

Seit einiger Zeit oder plötzlich zeichnet sich eine Veränderung durch ein Ereignis oder eine Entwicklung in der Tätigkeit ab, entweder durch äußere Auslöser oder interne innerhalb der Teamarbeit, die mit den bisherigen Mitteln nicht bewältigbar sind. Was ist jetzt wichtig, damit die Leitung und das Team einen kühlen Kopf bewahren und trotz etwaiger starker Druckempfindung gelassen und zuversichtlich an die Krisenbearbeitung herangehen? Wie können Geduld, Empathie und Selbstfürsorge bei allen Teammitgliedern in dieser herausfordernden Zeit bewahrt oder gefördert werden?

Es ist wichtig, Zeit zu haben, um sich den anstehenden Fragen und Themen möglichst gelassen zuzuwenden. Allerdings steht Ruhe leider in Zeiten des Umbruchs nicht üppig zur Verfügung. Man möchte am liebsten nach einer schnellen Lösung greifen. „Doch die Dinge brauchen ihre Zeit, um sich zu klären, und vorübergehende Phasen der Ungewissheit und Unklarheit wollen toleriert werden. Etwas Abstand zu finden, tut da häufig gut" (Osterloh 2017, S. 10–11). Wir müssen diese Phasen annehmen und uns innerlich beruhigen und distanzieren. Es braucht Zeit, bis wir an Klarheit gewinnen, wie es weitergehen kann.

Wir können von Michael Endes Romanfigur „Momo" den Umgang mit der Zeit lernen. Beim Besuch im Nirgendhaus erkennt sie das Wesen der Zeit. Sie erlebt, wie Stundenblumen erblühen und ins Nichts zurückkehren. Es kommen immer neue Blüten hervor. Dies zeigt den steten Wandel der Zeit vom Geborenwerden und Vergehen und vom Wiedergeborenwerden, vielleicht in einer anderen Form. Unsere eigene Vergänglichkeit wird uns bewusster, je älter wir werden. Wir leben dann in Abschieden, können durch diese aber auch Vertrauen gewinnen, dass es immer wieder anders oder neu weitergeht.

Übung: Akzeptanz der Zeit

Diese Übung kann einzeln oder im Team durchgeführt werden. Vor Ihnen steht oder hängt ein Bild, das die Zeit symbolisiert, z. B. die Abbildung einer Sand- oder Sonnenuhr.

Binnen einer festgesetzten Zeit sammeln und notieren Sie Ideen zum Thema „Zeit", z. B. schnell, langsam, verweilen, vergehen, werden. Ggf. tauschen Sie sich anschließend im Team zu diesen Ideen aus. Sie können die Übung fortsetzen, indem Sie einen Leitsatz oder einen kurzen Text darüber verfassen, was es Ihnen bringt, wenn Sie sich Zeit nehmen.

Veränderungen durch eine Krise

In einer Krise ändert sich das bisherige Miteinander im Team. Vertraute Gewohnheiten und das bisherige soziale Gefüge in seiner Gesamtheit müssen ein Stück weit losgelassen und es muss sich auf noch unbekanntes Terrain gewagt werden. Es gibt neue Situationen, die Überraschungen in sich bergen – unangenehme wie angenehme. Nach letzteren müssen wir in solchen Zeiten vermutlich gezielt Ausschau halten. Sie offenbaren sich oft erst auf den zweiten Blick.

Weil weder die Leitung noch die Teammitglieder am Anfang der Krise wissen, was auf sie zukommt, werden ängstliche und zweifelnde Fragen vorherrschen:

- Was wird aus diesem Team?
- Was wird aus meinem Job?
- Kann ich in der Zukunft noch nach meinen Wünschen arbeiten?

Möglich ist aber auch, dass sich durch die Krise noch andere Gedanken regen:

- Kann ich diese Veränderung für mich nutzen?
- Kann ich danach vielleicht sogar mehr nach meinen Wünschen arbeiten als bisher?
- Ist das nicht genau die Gelegenheit, auf die ich gewartet habe, um eine längst überfällige Entscheidung zu treffen?

Übung: Fünf-Minuten-Fragen

Diese Übung kann einzeln oder im Team durchgeführt werden. Sie benötigen Karteikarten in zwei verschiedenen Farben.

Binnen fünf Minuten notieren Sie die Fragen, die Sie zur momentanen Situation am meisten beschäftigen. Dabei ist die Unterscheidung der Karteikarten durch zwei Farben wichtig, sodass auf die Karten in der einen Farbe ängstliche oder zweifelnde Fragen notiert werden und auf die Karten in der anderen neugierig-offene oder ermutigende Fragen.

Wenn wir uns gezielt mit dieser Unterscheidung beschäftigen, werden wir feststellen, dass es vermutlich beide Aspekte in uns gibt. (Jedoch könnten die ängstlichen und zweifelnden Fragen zeitweise die neugierig-offenen und ermutigenden überdecken, sodass wir gezielt nach letzteren suchen sollten).

Umgang mit Sorgen und Ängsten

Unabhängig davon, wie die Umstände sind – die Leitung und das Team müssen einen Weg finden, adäquat mit Sorgen und Ängsten umzugehen. Hier geht es darum, Akzeptanz und Toleranz gegenüber unangenehmen Gefühlen aufzubringen und sich nicht von ihnen beherrschen zu lassen. Hören, was die eigenen Ängste uns sagen, aber nicht auf sie hören!

Nur mit Abstand zu unangenehmen Gefühlen können wir klar werden und durchdenken, wie wir die Krise annehmen und gestalten. Nur, sobald wir in solchen Herausforderungen stecken, neigen wir dazu, uns anzuspannen. Das ist nicht förderlich, weil wir unter Stress keine ausführliche Reflexion der Dinge anstreben, sondern vor allem daran interessiert sind, wie wir den Druck schnell wieder loswerden. „Daher kommt es leichter zu Fehlentscheidungen. […] Und noch ein weiterer Grund spricht dafür, Umbruchsituationen möglichst in Ruhe zu gestalten: Man braucht Zeit, um sich mit Leib und Seele auf einen Wandel einzulassen. Sogar eine herbei gewünschte Veränderung lässt ja nicht nur eine neue, spannende Zeit anbrechen" (Osterloh 2017, S. 13). Werden uns Veränderungen von außen auferlegt und erleben wir diese als unerfreulich, ist es schwerer, sie zu akzeptieren. Hier ist die Unterscheidung wichtig: Lohnt es sich, gegen sie vorzugehen und sie zu verhindern oder wenigstens so mitzugestalten, dass sie erträglich werden? Oder haben wir mehr davon, mit den Dingen mitzugehen und zu entdecken, was sie für uns an Schätzen enthalten könnten?

Eine dritte Möglichkeit ist, dass die Veränderungen so sehr gegen unsere ureigenen Werte und Wünsche verstoßen, dass selbst ein Kompromiss nur ein fauler wäre, mit dem wir auf Dauer nicht zufrieden arbeiten können. Dann lohnt sich die Einsicht, und wir sollten unsere Konsequenzen aus dieser Erkenntnis ziehen.

Um diese Unterscheidung zu treffen, braucht es Zeit, um Klarheit zu gewinnen. Manchmal ist diese schnell da, manchmal müssen wir sie uns erst erarbeiten. Und manchmal täuscht sie uns und gaukelt etwas vor, weil wir einen unangenehmen Zustand (schnell) beenden wollen. Setzen wir den ersten Impuls um, sehen wir manchmal erst im Nachhinein, dass wir etwas beendet haben, das mit mehr Zeit zu einer wertvollen Entwicklung hätte gelangen können. (Etwas) Zeit ist damit das Zauberwort für die Krisenbearbeitung.

Die Veränderung beginnt im Kopf

Wir werden fit für die Krisenbewältigung, wenn wir unsere Gedanken, Gefühle und Ideen in den Fokus nehmen, ohne uns von ihnen verwirren zu lassen. Wie geben ihnen Raum, ohne zu bewerten, und sortieren sie. Was könnte Brauchbares enthalten sein, mit dem es uns gelingt, unsere Zukunft ein Stück weit erfinden und planen zu können?

Was denken die Leitung und die Teammitglieder darüber, und wie lässt sich dies zu einem Ganzen zusammenfügen? Eine anstehende Veränderung findet vor ihrer Realisierung bereits im Kopf statt. Wir malen uns die Zukunft aus. Erst wenn unsere Gedanken und Gefühle in Übereinstimmung sind, unternehmen wir wichtige Schritte. Deshalb spielt das bewusste Denken eine wichtige Rolle bei der Krisenbearbeitung. Gezielt eingesetzt, „lässt sich mehr planen und in eine positive Richtung für uns selbst und andere verändern, als wir vielleicht bisher angenommen haben. Nutzen wir diese Tatsache, entwerfen wir unsere Zukunft in einem gewissen Umfang selbst und gestalten wir unser Leben entsprechend“ (Osterloh 2017, S. 17).

Die Leitung lebt und arbeitet mit dem Team jedoch nicht auf einer Insel und hat damit keine vollständige Kontrolle und rein individuelle Gestaltungsmöglichkeiten. Hier sind gemeinsame und übergeordnete Gestaltungskräfte am Wirken und auch das Ungewisse und nicht Planbare, das Einfluss nimmt. Und immer wieder können in einer Krise Dinge einen unerwarteten Verlauf nehmen, auf den wir uns (neu) einstellen müssen.

Übung: Brief aus der Zukunft

Sie sitzen mit Ihrem Team in einer Runde, jedes Teammitglied hat einen Stift und ein Blatt Papier vor sich.

Zunächst stellen sich alle die Situation genau vor, die gerade Sorgen, Befürchtungen und Ängste auslöst.

Und nun stellen sich alle das Kind vor, das sie einmal waren, das dem oder der heutigen Erwachsenen von diesen Sorgen erzählt. Das Kind verabschiedet sich auf eine Reise. – Alle haben nun kurz Zeit, dem Kind einen Brief zu schreiben und ihm mitzugeben. Welche Worte des Trostes, der Zuversicht und der Ermutigung finden Sie für das Kind? Schreiben Sie diese in den Brief.

In einer zweiten Runde haben die Teammitglieder ein neues Blatt Papier und einen Stift vor sich.

Jetzt stellen sich alle sich selbst in fünf Jahren vor. Wie sieht das Arbeitsleben aus, wenn die Schwierigkeiten überwunden sind? Dabei bleiben sie realistisch, da Übertreibungen nicht hilfreich sind. Wie arbeiten die Leitung und das Team in fünf Jahren miteinander? Wie sieht der Alltag aus?

Aus dieser Perspektive der Zukunft blicken alle zurück auf das Heute. Sie formulieren einen Brief, in dem die Person aus der Zukunft der heutigen Person Unterstützung und Zuversicht vermittelt.

Mit beiden Briefen lässt sich im Team länger arbeiten. Immer wieder können die verschiedenen individuellen Blickwinkel der Teammitglieder miteinander ausgetauscht und daraufhin untersucht werden, was sie an hilfreichen Ideen für die Krisenbearbeitung enthalten.

Tipp

Das Spiel mit wechselnden Personen und Perspektiven hilft, den in einer Krise oftmals engen Fokus zu erweitern, neue Ideen zu entwickeln und Kreativität freizusetzen. Und es gibt den Kniff, in belastenden Situationen sich selbst in der dritten Person anzusprechen, z. B.: „Anja fühlt sich erschöpft und frustriert, was tut ihr jetzt gut?". So können wir bei emotionalem Aufruhr zur Ruhe kommen und uns zielführend fokussieren. Wir verlieren uns sonst in einer Krise in unseren Sorgen und Ängsten. Die Ich-Perspektive aufzugeben und von sich in der dritten Person zu sprechen, schafft Distanz und Klarheit.

Störungen durch die Krise

Eine Krise verursacht Störungen, die sich zwischen die Ziele der Leitung und die des Teams stellen und so zu einem Problem beitragen oder ein bereits bestehendes verstärken. Diese entstandenen Störungen sollte man für die Prozessphasen der Krisenintervention und ihrer Bewältigung sehr genau und gut im Auge behalten, um die eigenen Einstellungen, Verhaltensweisen und den Umgang mit bestimmten Erfahrungen achtsam wahrzunehmen und ggf. zurechtzurücken. Solche Korrekturen müssen gar nicht groß oder massiv sein, denn auch verschiedene kleinere Veränderungen im Miteinander des Teams können der Zusammenarbeit und dem sozialen Gefüge mehr Fülle geben oder Sinn entlocken. Mit einer Krise einhergehende Gedanken, Gefühle und Erfahrungen tauchen in allen grundlegenden Lebensprozessen auf, die nach Entwicklung und Wachstum rufen. Phasen der zeitweisen Frustration, Trauer, Wut, Isolations- und Entfremdungsgefühle sowie Sinnkrisen durchziehen das Gesamtgewebe menschlicher Entwicklung mit dem ein oder anderen Leid. Die Dinge, die in einer Krise auftreten, können genauso auch in anderen Lebensprozessen eine Rolle spielen, und es lohnt sich, ihnen auf den Grund zu gehen und zu schauen, was sie uns sagen könnten.

Akzeptierende und integrierende Krisenintervention

Eine akzeptierende und integrierende Krisenintervention besteht aus sechs Prozessen:

- **Hier und Jetzt:** aufmerksam wahrnehmen; das beobachten, was in der Gegenwart passiert und wie sich Ereignisse und Verhaltensweisen jetzt auswirken
- **Denken und Indifferenz:** nicht alles glauben, was wir denken, sowie die eigenen Absichten und Motive identifizieren, um sie von denen anderer unterscheiden zu können; zwischen Möglichkeiten und Wahrscheinlichkeiten unterscheiden (Nicht alles, was möglich ist, wird wahrscheinlich auch eintreten.)
- **Akzeptanz und Integration:** die Dinge, wie sie (derzeit) sind, annehmen und akzeptieren (Das heißt nicht, dass wir sie gutheißen müssen, aber ein Ankämpfen gegen die Dinge verleugnet die Realität.)
- **Werte und Sinn:** wertvolle und sinnvolle Aspekte herausarbeiten, kommunizieren und miteinander verfolgen
- **Handeln und Verhalten:** verhalten und Handeln nach den formulierten Werten ausrichten; uns immer wieder auf einen positiven Sinn, der in den Erfahrungen stecken kann, fokussieren
- **Selbst und Team:** das Selbst und das Team als dynamische soziale Existenz begreifen, die sich im weiterentwickelten Erlebnisraum bewegt und im Gegensatz zu starren Einstellungen steht, wie wir selbst und das Team sein sollten

Die Vorteile einer akzeptierenden und integrierenden Krisenintervention sind:

1. Die Leitung und das Team sind flexibel und zielgerichtet mit der Gegenwart verbunden; sie lassen sich im Kern nicht von einer nicht mehr veränderbaren Vergangenheit oder einer nicht vorauszusehenden Zukunft steuern.

2. Die Leitung und das Team unterscheiden eigene Geschichten und Grübeleien von produktiven Gedanken zur Situation.
3. Die Leitung und das Team können der Krise mit engagierter Gelassenheit begegnen und diese als Lernerfahrung nutzen, die sie den eigenen Werten und dem Sinn im sozialen Miteinander näherbringt.
4. Die Leitung und das Team begreifen die Krisenbearbeitung und deren Bewältigung nicht als eine leidige (weitere) Aufgabe der Zusammenarbeit, sondern sehen, dass diese ein Ort lebendiger Entfaltung des Miteinanders ist.
5. Die Leitung und das Team gewinnen individuell und im System des Teams an psychologischer Flexibilität, mit der sie frei(er) entscheiden können und in Übereinstimmung mit den eigenen Werten und Zielen handeln. Behalten Sie die Trophäe im Blick!

Unangenehme Gefühle annehmen

Dass auch die größte Reise mit einem ersten Schritt beginnt, ist ein bekanntes Sinnbild für die Aufforderung, nicht in einer ungeliebten Situation zu verharren, sondern sich zu neuen Ufern aufzumachen und loszugehen. Um diesen ersten Schritt in einer Krise zu tun, ist es wichtig, die Situation erst einmal anzunehmen, wie sie ist. Solange wir sie schönreden oder resignieren, kämpfen wir gegen das, was ist, und wehren es ab. Wer verleugnet, kann die Realität nicht sehen und auch nicht das, was helfen würde, Veränderungen zu bewirken. Die Gefahr, im Laufe seiner Berufsbiografie innerlich bitter und frustriert zu werden, ist dann groß. Die Gedanken drehen sich nur noch um das eigene Schicksal. Das bindet die Aufmerksamkeit und Kraft, die eigentlich für positive Veränderungen gebraucht werden würde. Wenn wir durch eine Krise kommen wollen, müssen wir die ihr innewohnenden Tatsachen annehmen. Wir sollten uns überlegen, was das konkret für unsere Situation bedeutet und worauf wir uns einstellen müssen. Meistens geht es vor allem um die Annahme unangenehmer Gefühle, die mit einer Krise verbunden sind, z.B.

sich isoliert, erschöpft, frustriert und unglücklich zu fühlen. Hinter unangenehmen Gefühlen stecken nicht erfüllte Bedürfnisse, die wir uns in der konkreten Situation verdeutlichen sollten. Manche können wir vorerst auf anderen Wegen erfüllen oder zumindest kompensieren (vgl. Mannhard 2021).

2 Unproduktive Denkmuster überwinden

Innenwende
Die verstreuten Teile
meiner Gedanken
kehren zurück,
ich nehme die guten.
Anja Mannhard

Bestimmte Risikofaktoren machen die Teamarbeit über die Umstände hinaus, die die Krise ausgelöst haben, störungsanfällig. Ein Faktor ist unproduktives und negatives Denken, das den Nährboden dafür bildet, dass die Krise schwerer oder gar nicht aufgelöst werden kann und sich chronifiziert. Es hängt davon ab, wie viele Teammitglieder solche Denkmuster pflegen. Man kann in Teams beobachten, dass, selbst wenn von außen neue, positiv motivierte Mitglieder hinzukommen, diese in kurzer Zeit durch mehrere negativ denkende Mitarbeitende im Team demotiviert und ungünstig beeinflusst werden. Das zeigt, wie stark ein negativer Sog sich auswirkt und alle hineinzieht.

Denkmuster entwickeln sich im Laufe der beruflichen und persönlichen Biografie aufgrund genetischer Faktoren, bisheriger Erfahrungen, Persönlichkeitsmerkmalen wie Unsicherheit, Labilität, Selbstwertgefühl und Einstellungen. Denkmuster entwickeln sich aber auch aufgrund der Teamarbeit und des sozialen Gefüges, in dem man sich befindet. Hier spielen mit dem Beruf einhergehende spezifische Anforderungen, Herausforderungen und Belastungen, Frustrationen und Erfolge, die Zugehörigkeit und der Zusammenhalt im Team eine wichtige Rolle.

Belastungen durch Rahmenbedingungen

Die von außen betrachtet gleiche Belastung führt bei den einzelnen Teammitgliedern zu einer unterschiedlichen Beanspruchung, je nachdem, über welche persönlichen Einstellungen und Ressourcen diese verfügen, um mit ihr umzugehen. Entweder wurde die Krise bereits durch ungünstige Rahmenbedingungen für die Tätigkeit ausgelöst oder diese verstärken die Krise noch.

Eine Vielzahl an Faktoren kann die Gesundheit, die Zufriedenheit und das Wohlbefinden bei der pädagogischen Arbeit oder durch diese mindern.

In stärkerem Maß verantwortlich scheinen diese Aspekte zu sein:

- Bauliche Gestaltung mit zu wenig Lärmdämmung oder mit unzureichender Ausstattung
- Erhöhte Infektionsgefahren, z. B. durch kranke Kinder
- Schlechte Organisation oder erhöhte Anforderungen an diese, z. B. im offenen Konzept
- Fehlende Zeit, um qualitativ gute Arbeit zu leisten
- Fehlende oder zu wenig Leitungsfreistellung
- (Anhaltende) Vakanzen und zu wenige (externe) Vertretungskräfte
- Unzureichender Personalschlüssel
- Unzureichende Bezahlung
- Fehlende Anerkennungskultur und Wertschätzung
- Fehlende lösungsorientierte Interventionen und Unterstützung bei Konflikten
- Demotivierendes Führungsverhalten

Bei der Wahrnehmung und Bewertung solcher Belastungen spielen die individuellen Voraussetzungen, Erlebniswerte und Ressourcen der Teammitglieder eine wichtige Rolle. Was die eine Person stärker beeinträchtigt, berührt eine andere vielleicht nur am Rande. Womit hängt das zusammen, obwohl beide ähnlichen Anforderungen ausgesetzt sind? Sie haben unterschiedliche (individuelle) Kapazitäten, um eine zeitweise stärkere Beanspruchung auszugleichen. Belastungen können sich aus den Aufgaben, der Organisation, den Strukturen, den Arbeitsbeziehungen, dem Führungsstil und dem Umfeld mit Träger, Team, Kindern und deren Eltern ergeben. Die persönlichen Kapazitäten bestehen aus eigenen Erfahrungen, dem Wissens- und Kenntnisstand, der eigenen Gesundheit, den persönlichen mentalen Einstellungen und Reaktionsweisen (v. a. unter Stress), dem Selbstvertrauen und dem Selbstrespekt sowie der intrinsischen Motivation.

Wahrnehmung und Bewertung

Bei der Wahrnehmung und Bewertung solcher Belastungen spielen die individuellen Voraussetzungen, Erlebniswerte und Ressourcen der Teammitglieder eine wichtige Rolle. „Eine stärkere Beanspruchung wird zum einen individuell unterschiedlich erlebt, interpretiert und bewertet, und stößt zum anderen auf die individuellen Möglichkeiten eines Menschen, sie zeitweise oder dauerhaft auszugleichen und zu kompensieren.

Belastungen können sich zeigen

- im Inhalt der Aufgaben
- im beruflichen Umfeld (Team, Eltern, Kinder, Träger)
- in Strukturen und der Organisation der Arbeit
- in den Arbeitsbeziehungen
- im Führungsstil (Leitung, Trägervertreter)

Die individuellen Voraussetzungen, Erlebniswerte und Ressourcen können sein:

- Eigene Erfahrungen
- Wissen, Kenntnisse und Qualifikationen
- Eigene Gesundheit und Wohlbefinden
- Selbstvertrauen und Selbstwirksamkeit
- Eigene Sicht- und Denkweisen (mentale Haltung)
- Intrinsische Motivation“ (Mannhard 2020 a, S. 7).

Tipp

Überwiegt die Belastung, die mit einer Krise einhergeht, kann der Leitung und dem Team zeitweise alles zu viel werden. Hier hilft:

1. Kurzfristig für Entlastung sorgen (z. B. bestimmte Aufgaben in Teilschritte zerlegen und nicht alles auf einmal tun)
2. Pläne überprüfen und ggf. anpassen/ändern
3. Nein sagen
4. Sich abgrenzen
5. Aktivitäten auf Einseitigkeit hin überprüfen und ggf. motivierender gestalten

2.1 Kreislauf des Denkens

Wie sieht ein negativer Kreislauf des Denkens in der Krise aus? Ohne dass man sagen kann, wo ein Anfang und ein Ende sind, greifen die folgenden Ebenen ineinander:

1. Unangenehme Gefühle, wie Frustration, Ängste, Niedergeschlagenheit
2. Überforderung durch Druckempfindung
3. Zu wenige positive Erfahrungen
4. Anklagen oder Selbstvorwürfe, die das (Selbst-)Vertrauen schädigen
5. Grübeleien, die ins Leere gehen und zu keinen Ergebnissen führen
6. Sozialer Rückzug oder Aggression

Die Ebenen greifen ineinander und stehen in einer Wechselwirkung zueinander. Dieser Kreislauf kommt dann in Gang, wenn die äußeren Faktoren, die die Krise ausgelöst haben, entweder in stärkerem Maß die Ressourcen der Leitung und des Teams übersteigen oder weil die äußeren Umstände auf die persönliche Bereitschaft bei der Leitung und einzelnen Teammitgliedern treffen, unproduktives und negatives Denken zu aktivieren. Gut möglich ist natürlich auch, dass beide Faktoren zusammenkommen.

Tipp

Jedes Teammitglied kann in positiver Weise Einfluss nehmen, wenn es sich den Zusammenhang zwischen Gedanken, Gefühlen und Verhalten klarmacht. Wer z. B. denkt: „Ich mache alles falsch!", fühlt sich niedergeschlagen und hoffnungslos und steht morgens am liebsten gar nicht mehr auf, um zur Arbeit zu gehen. Umgekehrt können wir unsere Gefühle steuern, indem wir destruktive Gedanken als solche erkennen und in positiver Weise verändern. Das hat nichts mit ausschließlich positivem Denken zu tun, das ernsthafte Gefahren und berechtigte Zweifel oder Ängste unterschätzt oder verdrängt. Wer stattdessen denkt: „Ich mache alles richtig!", wird merken, dass solche Sätze nicht funktionieren. Niemand macht immer alles richtig. Hier wäre ein guter Mittelweg: „Ich informiere mich, um in dieser Krise so viel wie möglich konstruktiv und positiv zu beeinflussen. Wenn ich einen Fehler mache, kann ich ihn korrigieren."

Übung: Selbsttest/Teamtest für positive Erfahrungen

In der Krise können Sie und das Team dazu neigen, vieles als negativ zu erleben, und selbst an sich positive Erfahrungen werden nicht mehr als solche wahrgenommen. Deshalb lohnt es sich, sich auf diese wieder zu besinnen, und wenn es davon in der letzten Zeit zu wenige gab, diese gezielt zu aktivieren.

Zunächst kann jedes Teammitglied den Test für sich machen und dann mit den anderen Gemeinsamkeiten in den Antworten austauschen. So stellen Sie fest, was dem ganzen Team und jedem Teammitglied guttut.

Alle kreuzen an, welche Tätigkeiten sie als angenehm und positiv erleben (gerne können weitere ergänzt werden):

- In den Garten/Wald gehen
- Ein Essen für das Team organisieren
- Singen und musizieren
- Künstlerisches Gestalten
- Ein Fest feiern
- Etwas zusammen backen oder kochen

- Sich gegenseitig massieren
- Ein Theaterstück aufführen
- Zusammen Minigolf spielen
- Nach der Arbeit in einem See schwimmen
- Teamfotos mit lustigen Szenen machen
- Spielen
- Ein religiöses Ritual durchführen
- Sich mit Tieren beschäftigen
- Meditation, Stilleübung oder Yoga üben
- Einen Ausflug machen
- Einen Markt besuchen
- Ausmisten und aufräumen
- In der Sonne sitzen
- Etwas reparieren/restaurieren
- Etwas Neues erfinden
- Jemandem ein paar schöne Worte schreiben
- Etwas Handwerkliches herstellen
- Sich verkleiden
- Gemeinsam ein schweres Puzzle machen
- In ein Museum gehen
- Alte Fotos ansehen

Alle Stimmungen annehmen

In einer Krise werden sich die Stimmungen im Team indirekt auf das Handeln auswirken. Alle Stimmungen anzunehmen, bereichert unser Leben, und wir können helle und dunkle Facetten nutzen, um zur lebendigen Resonanzquelle in uns zu gelangen. Die Akzeptanz unterschiedlicher Stimmungen ermöglicht uns, uns auf kreative und lebendige Prozesse einzulassen und zu sehen, wohin sie uns führen. Wenn wir die inneren Bewegungen verfolgen, können wir sie mit einer gelassenen Haltung als Teil von uns annehmen und nicht bewerten, ob sie nun gerade erwünscht oder nicht erwünscht sind.

Tipp

Die Teamleitung und das Team können eigene Stimmungen nutzen und sich fragen:

- Was passiert gerade in mir?
- Was erlebe ich als angenehm oder unangenehm?
- Was davon kann ich gut annehmen, und was möchte ich verändern?
- Wie wirken sich meine Gefühle und Einstellungen auf das ganze Team aus?

Allein die Tatsache, dass wir uns unserer jeweiligen Stimmung stellen und sie nicht verdrängen, ermöglicht bereits eine Wandlung. Im beruflichen Kontext werden wir allerdings nicht gerade ermuntert, uns unseren Stimmungen zuzuwenden und sie ernst zu nehmen. Hier sollen wir uns vielmehr zerstreuen, sie nicht so wichtig nehmen, auf etwas oder jemanden reagieren, weniger agieren und vor allem funktionieren.

Wir sollen uns gar nicht so sehr mit uns und unserem Innenleben beschäftigen. Damit sind wir in einer Krise in einem Blindflug unterwegs, bei dem wir nicht sehen und nicht fühlen, was welche Resonanz in uns auslöst, womit wir in Resonanz gehen oder bleiben oder wovon wir uns lieber abwenden wollen. Manche Einsicht trifft uns wie ein Blitz, und wir erkennen die Dinge und Menschen plötzlich, wie sie sind.

Diese Funken kommen schlagartig durch einen beliebigen inneren oder äußeren Auslöser in unser Bewusstsein und können angenehme wie unangenehme Gefühle und Gedanken verbreiten.

Immer aber handelt es sich um eine Erweiterung unseres Bewusstseins und, so gesehen, um ein Erwachen, für das wir dankbar sein können. Deshalb sollten wir solche Erfahrungen annehmen und nicht verdrängen, auch wenn sie auf den ersten Blick Unruhe in unser (Arbeits-)Leben bringen. Wir begreifen meist erst später, was unsere Welt plötzlich auf den Kopf gestellt hat und wohin uns dieser erweiterte Blick führt. Wenn wir solche Erfahrungen analysieren, begreifen wir, dass sie mit etwas Wichtigem verbunden sind, das uns näher an uns selbst heranführt. „Gedankliche Prozesse laufen sehr rasch, automatisch und meist unbemerkt ab. Das Problem hierbei besteht darin, dass sie unweigerlich Einfluss auf unser Verhalten und unsere Stimmung nehmen. […] Daher besteht ein wesentliches Ziel in der Bewältigung […] darin, diese Gedanken zu erkennen, zu kontrollieren und zu verändern“ Zwick/Hautzinger 2018, S. 81–82).

Übung: Gedanken erkennen, steuern und verändern

Diese Übung, die Sie gemeinsam mit den Teammitgliedern umsetzen können, besteht aus drei Teilen:

1. **Gedanken erkennen:** Die Teammitglieder erhalten jeweils mehrere Karteikarten und schreiben darauf ihre Gedanken zur aktuellen Situation/Krise – pro Gedanke eine Karte.
2. **Gedanken steuern:** Die Teammitglieder identifizieren und hinterfragen offensichtlich negative Gedanken, z. B. im Hinblick auf ihre Subjektivität, auf ihren Wahrscheinlichkeits- und Wahrheitsgehalt, auf ihre Auswirkung auf die eigene Stimmung und die im Team.
3. **Gedanken verändern:** Die Teammitglieder verändern als eine Möglichkeit die negativen Gedanken in positive, hilfreiche Gedanken, z. B. indem sie neue Interpretationen und Erklärungen zur Situation finden. Oder sie formulieren neue, aufbauende Gedanken, unabhängig von den negativen Gedanken, die positive Unterstützung geben.

Stärken stärken

Tipp

In einer Krise rücken manchmal die Stärken der Leitung, der Teammitglieder und des gesamten Teams in den Hintergrund. Dabei sind gerade diese wichtige Ressourcen für die erfolgreiche Krisenbearbeitung. Deshalb sollten sich die Teammitglieder Zeit nehmen, um sich diesen bewusst zu werden und sie zu nutzen. Hilfreich sind dabei die folgenden Fragen:

1. Was ist an diesem Team positiv?
2. Welche Erfolge kann das Team bisher verzeichnen?
3. Welche Herausforderungen (oder Krisen) hat das Team bereits erfolgreich gemeistert?
4. Was schätzen andere Menschen an diesem Team?

Übung: Erfolgstagebuch

Sie und das Team können zur Stärkung der Resilienz ein Erfolgstagebuch führen und in drei Spalten verzeichnen:

- Datum
- Was ist mir/dem Team heute gut gelungen?
- Was habe ich/haben wir trotz der schwierigen Situation gut gemeistert?

Übung: Selbstfürsorgeprotokoll

Sie und das Team können zur Stärkung der Selbstfürsorge ein Protokoll führen und in vier Spalten verzeichnen:

- Datum
- Was möchte ich mir/möchten wir uns heute Gutes tun?
- Was könnte mich/uns davon abhalten?
- Wie kann ich/können wir dieses Hindernis aus dem Weg schaffen?

2.2 Mentales (Selbst-)Management

Die eigene mentale Balance zu pflegen, ist eine wichtige Quelle der Krisenbewältigung. Die Leitung und das Team sind in einer schwierigen Phase aus der (sozialen) Balance geraten und sollten in dieser Zeit aktive (Selbst-)Fürsorge für sich und das Team betreiben. Wertschätzung – sich selbst gegenüber und von anderen gegeben – ist ein Schlüssel für die (innere) Balance. Seelische Selbstfürsorge unterstützt die Selbstachtung und den Selbstrespekt. Dazu gehört z. B. die Abgrenzung gegenüber weiteren Energieräubern als denen, die ohnehin schon mit der Krise verbunden sind, die eigene Selbstwirksamkeit zu stärken und das Loslassen zu hoher oder falscher Erwartungen zu üben, um zu mehr Gelassenheit zu gelangen. Mentale Balance pflegen wir auch, indem wir darauf achten, mit welchen Informationen wir uns beschäftigen.
Achtsamkeit ist wichtig, aber es gibt auch die Kunst der Unachtsamkeit, die schützend ist. Diese kommt dann zum Tragen, wenn Informationen einen unnötig ablenken, irritieren, langweilen oder beunruhigen. Wir sollten uns auch die Menschen genau anschauen, die Rat geben oder zur Unterstützung der Krisenbearbeitung eingesetzt werden. Sind diese selbst in einer guten (mentalen) Balance? Mit welcher (mentalen) Haltung gehen sie an die Krise heran?

Handlungskompetenz in der Krise

Dass die Leitung sich und das Team mental gut führt, ist Kennzeichen ihrer Handlungskompetenz in einer Krise. So kann die berufliche und persönliche Entwicklung des Teams und der Leitung durch die bewältigte Krise sogar gestärkt werden. Um auch unter Druck sinnvoll handlungsfähig zu bleiben und sich nicht in irrigen Annahmen oder impulsiven Verhaltensweisen zu verlieren, muss man falschen oder (einander) behindernden Denkweisen auf die Spur kommen.

Durch aktives mentales (Selbst-)Management werden die Ressourcen im Team freigesetzt und gestärkt und die Motivation der Mitglieder, am Ball zu bleiben und die Krise durchzustehen, erhöht. Dazu gehört im Wesentlichen, Denkfehler zu erkennen und abzustellen oder zu verändern. Denkfehler finden sich auf einer tieferen Ebene in negativen Glaubenssätzen, die sich meist aufgrund der Kindheit und der späteren Erfahrungen als Jugendliche entwickelt haben und sich bis ins Erwachsenenalter hinein verfestigen. Solche Denkfehler führen zu einem verminderten Selbstwertgefühl und meist auch zur Einschränkung des persönlichen Handelns. So denkt Frau Meier etwa, nicht klug genug zu sein, da ihre Geschwister ihr es oft genug gesagt haben. Trotz gutem Abitur traut sie sich kein Studium zu, sondern beginnt unter ihren eigentlichen Fähigkeiten eine Berufsausbildung. Herr Schneider hat früh seine Eltern bei einem Autounfall verloren und wittert heute noch eine Katastrophe, sobald etwas in seinem Leben nicht wie geplant verläuft. Herr Schulz ist Leiter und treibt die Teammitglieder ständig zu noch besserer Leistung an. Von seinen Eltern, die beide als Lehrkräfte tätig sind, muss er sich bei jedem Besuch sagen lassen, dass sie enttäuscht sind, weil er nur Erzieher geworden ist. Deshalb will Herr Schulz mit dem Team Bestleistungen erbringen, um den eigenen Wert zu beweisen.

Das Katastrophendenken von Herrn Schneider wirkt sich besonders belastend aus, es lähmt und kann sogar krank machen. Der Körper kann nicht unterscheiden, ob Herr Schneider sich in realer Gefahr befindet oder sich diese nur ausdenkt. Er reagiert mit beschleunigtem Puls, starkem Herzklopfen bis Herzrasen, verflachter Atmung und angespannter Muskulatur. Gefühle der Angst breiten sich aus, die den Körper in eine Flucht-, Angriffs- oder Totstellreaktion versetzen. Unabhängig davon, ob tatsächlich eine Katastrophe droht, ist Katastrophendenken kontraproduktiv, weil es uns nicht mehr klar denken und handeln lässt und die meisten damit verbundenen Gedanken übertrieben sind.

Übung

Um Katastrophendenken zu beenden, konzentrieren sich die Leitung und die Teammitglieder auf die Fakten:

- Was ist konkret passiert?
- Welche Aussagen wurden gemacht?
- Welche Handlungen sind erfolgt?

Dann sucht sich das Team Unterstützung, um sich zu beruhigen und um handlungsfähig zu bleiben, z. B. Gesprächspartner/-innen, die im Entdramatisieren gut sind und mit dem Team Lösungen erarbeiten.

Erinnern wir uns an den Straßenkehrer Beppo in Michael Endes Buch „Momo" Er zeigt uns, dass wir bei schwierigen Herausforderungen – in seinem Fall, eine lange Straße zu kehren – nicht den Mut verlieren sollten. Beppo denkt gar nicht an die ganze Straße, sondern nur an das jeweils nächste Stück. So können auch wir eine große Aufgabe in Teilschritte zerlegen und uns Schritt für Schritt auf unser Ziel zubewegen.

Wer sich selbst auch bei Problemen oder in einer Krise vertraut, denkt vielleicht:

- Ich löse mich vom (inneren) Druck und richte mich nach der persönlichen Freiheit aus.
- Ich setze meine Talente ein und bleibe mir treu.
- Ich arbeite daran, dass meine Wünsche in Erfüllung gehen.
- Ich bleibe mutig und zuversichtlich, es wird schon gut gehen!

3 Fallbeispiele der Krisenintervention

Erkennen
Man sieht die Dinge
und Menschen
plötzlich,
wie sie sind.
Verläufe und
Entwicklungen
verweben sich
und ergeben
ein Ganzes.
Anja Mannhard

In der Aus- und Weiterbildung werden wir kaum auf Krisen vorbereitet, aber ein adäquater Umgang mit ihnen lässt sich erlernen. Die folgenden exemplarischen acht Fälle werden thematisch eingeleitet und an einem Beispiel aus der Praxis beschrieben. Es folgen Anregungen zur Intervention sowie Praxistipps und ggf. weiterführende Hinweise, um das Thema zu vertiefen.

3.1 Fall 1: Produktive Teamarbeit ermöglichen

Eine gute Teamarbeit benötigt konstruktive Kommunikation, motiviertes Engagement der Teammitglieder und effektive Konfliktbewältigung, gesteuert durch die Leitung. Kommunikative Prozesse fördern nicht nur die qualifizierte Aufgabenerfüllung, sondern auch das Treffen wichtiger Entscheidungen, an denen alle beteiligt werden. Zielsetzungen orientieren zudem darüber, was vom einzelnen Mitglied und dem Team als Ganzes erwartet wird.
Definierte Rollen und Funktionen, im besten Fall angepasst an die persönlichen Talente, fördern Klarheit in den Zuständigkeiten, eine gute Motivation und effektive Ergebnisse. Wer gern zur Arbeit kommt, beteiligt sich und über-

nimmt Verantwortung nicht nur in seinem Bereich, sondern für das gesamte (soziale) Gefüge. Eine fördernde Leitung lässt die Teammitglieder partizipieren und schafft, wo es möglich ist, Ressourcen. Sie unterstützt alle und geht mit gutem Beispiel voran. Im besten Fall sind die Teammitglieder effizient und stärkenorientiert eingesetzt.

▼▼▼ Fehlendes Personal

Die Realität sieht an vielen Orten anders aus. Da gibt es dauerhaft nicht besetzte Stellen, Fachkräftemangel und Nachwuchsprobleme, Personalausfälle durch Krankheit, die nicht immer durch (externe) Springkräfte vertreten werden, sondern die Teammitglieder, die arbeiten, in Überstunden zwingen. Die Aufgabe der Leitung besteht in solchen Zeiten vor allem in der Personaleinsatzplanung und damit leider auch in der Mangelverwaltung. Es geht dann darum, mit verminderten personellen Ressourcen den Tagesablauf so zu strukturieren, dass vor allem die Aufsichtspflicht gewährleistet ist. Der qualitative Anspruch rückt in den Hintergrund, Konflikte aufgrund von Überlastung und Frustration werden wahrscheinlicher.

▲▲▲ Beispiel

In der Kita „Regenbogen" fehlt seit über einem halben Jahr eine Gruppenleitung, sodass die Zweitkraft in dieser Gruppe von der Sprachförderkraft unterstützt wird. Diese kommt durch die Vertretungsaufgabe nicht mehr zur sprachlichen Förderung aller Kinder und ist zunehmend unzufrieden, weil die Vertretung inzwischen länger dauert als anfangs geplant. Es lässt sich jedoch keine passende Nachfolge mitten im Kita-Jahr finden, da Bewerbungen dann noch spärlicher eingehen als vor Beginn eines neuen Jahres. Die Personaleinsatzplanung wird für die Leitung zusätzlich erschwert, weil eine Mitarbeiterin durch einen Unfall länger ausfällt und wechselnd von den Kolleginnen und Kollegen vertreten werden muss. Da nicht immer Kinder aus mehreren Gruppen zeitweise zusammengelegt werden können, um die Ressourcen zu straffen, muss die Leitung öfter einspringen und kommt kaum mehr zu ihren eigentlichen Aufgaben. Externe Springkräfte hat der kleine Träger nicht, und in den anderen Kitas gibt es ebenfalls Vakanzen, sodass man sich innerhalb der Kita aushelfen muss.

Interventionsprinzip „An einem Strang ziehen"

Veränderte personelle Bedingungen in Kitas sind eine Realität, die schon mehrere Jahre anhält. Die beschriebene Situation stellt immer mehr die Normalität und nicht mehr nur die Ausnahme dar. Die Ressourcen kleiner Träger sind begrenzt, und auch größere Arbeitgeber kämpfen mit Fachkräftemangel, Nachwuchsproblemen und zu wenig (internem oder externem) Personal für (befristete) Vakanzen. Solange das Personal und die Gruppen zusammengelegt werden können und damit der Mindestpersonalschlüssel erfüllt wird, müssen keine Gruppen oder gar die ganze Einrichtung geschlossen werden. Und wenn das nicht geht, würde man zunächst die Randzeiten und nicht die gesamte Betreuungszeit kürzen, da die Eltern einen Rechtsanspruch auf den Platz haben.

Ein Exkurs: Vor einigen Jahren waren mehrsprachige Kinder in einer Kita noch die Ausnahme, und alle erwarteten, dass sie in der Einrichtung Deutsch lernen und sprechen. An manchen Orten wurden sie sogar bestraft, wenn sie in der Herkunfts- oder einer anderen Familiensprache als Deutsch kommunizierten. Heute müssen wir uns als moderne Kita interkultureller Vielfalt stellen und uns das entsprechende Verständnis wie die Kompetenzen zur Arbeit mit mehrsprachigen Kindern und Familien aneignen. Wir mussten einen Perspektivenwechsel und eine neue Definition einer pädagogischen Fachkraft in der (multikulturellen) Kita entwickeln und ableiten, welches Wissen und welche Kompetenzen diese benötigt.

Umsetzung des Interventionsprinzips „An einem Strang ziehen"

Um das Interventionsprinzip „An einem Strang ziehen" umzusetzen, kann die Leitung mit dem Team gemeinsam analysieren, wie die Mitglieder unter veränderten bzw. reduzierten personellen Bedingungen dennoch Hand in Hand arbeiten können.

Folgende Fragen unterstützen dabei:

- Wie lautet das an die neue Situation angepasste Gesamtziel?
- Welche gemeinsame Essenz aufgrund des Leitbildes und der Wertebasis des Teams lässt sich finden?
- Wie verändern sich Rollen und Funktionen der Teammitglieder durch die neue Situation?

Damit sich die Teammitglieder nicht in veränderte Bedingungen hineingezwungen fühlen, sollten sie im Hinblick auf ihre (neue) Zuständigkeit und Rolle mitwirken dürfen. Jede Person definiert sich, ihren Bereich und ihre Aufgabe so, dass durch die Zusammenarbeit das formulierte Gesamtergebnis erzielt werden kann. Können die Mitglieder partizipieren, fühlen sie sich eher verpflichtet, sich für das gesamte Team mitverantwortlich zu sehen. Die Aufgabe der Leitung besteht darin, das Team so zu motivieren und zu organisieren, dass die Abhängigkeiten voneinander in positiver Weise deutlich und genutzt werden. Es kommt auf jedes Mitglied gemäß seinen Fähigkeiten und Ressourcen an.

Es braucht etwas Zeit, um die Mitglieder von der veränderten Zusammenarbeit zu überzeugen und dabei nicht nur Verschlechterungen und Einschränkungen zu sehen, sondern auch etwaige neue Möglichkeiten und Ressourcen zu entdecken. Dann kann ein Team (wieder) einen funktionalen und produktiven Status erreichen und von der gegenseitigen Abhängigkeit profitieren.

Impulsfragen für die (Neu-)Organisation:

- Vor welchen (neuen) Herausforderungen stehen wir?
- Welche Strukturen (Teilteams, Teamarbeit) eignen sich für diese Herausforderungen am besten?
- Welche Fertig- und Fähigkeiten brauchen die Mitglieder und die Leitung?
- Welche darüber hinausgehenden Funktionen und Rollen müssen erfüllt werden, damit die Teamarbeit in ihrer Entwicklung auch unter veränderten Bedingungen unterstützt wird?
- Gibt es bereits Erfahrungen mit solchen Veränderungen an anderen Stellen, die genutzt werden können?
- Welche Prozesse müssen erweitert oder implementiert werden, damit die Teamarbeit (weiter) funktioniert?
- Welche Grenzen wird das Team aufgrund veränderter Bedingungen haben?
- Welche Ressourcen müssen investiert werden?

Übung: Schritt für Schritt planen

Planen erlernen wir in der Ausbildung, aber diese Fähigkeit zu beherrschen, nur durch die Praxis. In einer Krise muss der Planungsprozess nicht neu erfunden werden, sondern wir können uns an den nachfolgenden Schritten und Leitfragen orientieren:

- **Ziel:** Was müssen wir erreichen? Welche Ergebnisse sollen wir erzielen?
- **Meilensteine:** Wie kommen wir von heute an zum Ziel? Welche wichtigen Schritte müssen wir dazu unternehmen?
- **Zeitplan:** Wann sollen wir die Ergebnisse erreicht haben? Welchen Zeitrahmen setzen wir für die einzelnen Meilensteine?
- **Ressourcen:** Welche Rollen und Verantwortlichkeiten nehmen die einzelnen Teammitglieder und die Leitung ein? Was wird an Materiellem benötigt? Welche externe Unterstützung beziehen wir ein?
- **Hindernisse:** Welche unvorhersehbaren Ereignisse und Hindernisse könnten auftreten? Wie stellen wir uns präventiv auf diese ein?

- **Qualitätskontrolle:** Wie überprüfen wir im Sinne einer Verlaufskontrolle unsere Ergebnisse und Fortschritte?

TIPP

Die Leitung sollte bei Veränderungen im Hinblick auf eine weitere, produktive Teamarbeit bedenken, wie die einzelnen Ziele und das Gesamtziel am besten in Übereinstimmung gebracht und (neu) formuliert werden können. Dabei sollte sie die Richtung vorgeben und in Zusammenarbeit mit dem Träger die erforderlichen Ressourcen beschaffen. Sie sollte Hürden identifizieren, das Team an Entscheidungen partizipieren lassen und stets die eigene Bereitschaft überprüfen, das Team durch schwierige Zeiten zu führen und mit angepassten Zielen und Möglichkeiten ggf. auch auf längere Sicht hin zu arbeiten.

Die Leitung sollte sich auf etwaige Stolperfallen im Prozess einstellen, um sie klug zu umschiffen, oder, wo nötig, mithilfe ihrer Führungsrolle geeignete Maßnahmen zur Abhilfe durchzusetzen. Stolperfallen können gegenseitige Schuldzuweisungen, Probleme zu laborieren und ohne Ende durchzukauen, Sachkonflikte auf die Beziehungsebene zu verschieben, Problemvermeidung, fehlende Lösungsorientierung und vorschnelle Lösungen, ohne das Problem wirklich verstanden zu haben, sein.
Woran bewährt und zeigt sich ein effektives Team auch und vor allem in einer Krise?

Der Autor Marty Brounstein nennt zehn Eigenschaften, die effektive Teamplayer kennzeichnen:

1. „Zuverlässigkeit [...]
2. Konstruktive Kommunikation [...]
3. Aktives Zuhören [...]
4. Aktiver Teilnehmer [...]
5. Offen und gerne teilen [...]
6. Kooperieren und unterstützen [...]
7. Flexibilität [...]

8. Problemlöser […]
9. Andere respektvoll und unterstützend behandeln […]
10. Engagement für das Team" (Brounstein 2009, S. 121–124)

Literatur-Tipps:

- Brounstein, Marty (2009): Gute Teamarbeit für Dummies. Wiley.
- Mannhard, Anja (2018): Personalführung in der Kita. Methoden und Impulse für Leitung, Fachberatung und Träger. Cornelsen Verlag.
- Mannhard, Anja (2019): Ihre Kita erfolgreich managen. 20 mentale Weisheiten für Leiterinnen. Cornelsen Verlag.
- Mannhard, Anja (2019): Das Kita-Team. Informationen und Praxistipps rund um Teamentwicklung, Teamführung und Teamgesundheit. Ökotopia Verlag.
- Mannhard, Anja (Hrsg.) (2020): Verhandeln in der Kita. Professionell kommunizieren und sich gut positionieren. Cornelsen Verlag.

3.2 Fall 2: Mitfühlen und nicht mitleiden

Depressionen zählen zu den häufigsten psychischen Erkrankungen, und das sogenannte Burn-out-Syndrom hat häufig eine Depression nach einer (zu langen) überaktiven Phase zur Ursache. Bei der inneren Erschöpfung handelt es sich in vielen Fällen um ein Warnsignal, das einer Person sagen will, dass bestimmte Umstände ihrer Arbeit oder Verhaltensweisen von ihr oder anderen nicht im Einklang mit ihr als Mensch stehen.

Depressionen können auf das Team wirken

Depressionen sind mit einem hohen Leidensdruck verbunden, und sind sie stärker ausgeprägt, sind auch andere Teammitglieder betroffen, wenn sie der Person etwas näherstehen oder weil deren Leistungen nachlassen und durch andere kompensiert werden müssen. „Depressive Erkrankungen verlaufen meist in Phasen, die über mehrere Monate, bei den meisten Betroffenen zwischen vier und sechs Monaten, anhalten können. Die Hälfte bis Dreiviertel der Depressiven erleben mehrere depressive Episoden. Eine Depression verändert bei den Betroffenen Erleben und Verhalten, es treten körperliche Beschwerden auf: Erlebt werden Gefühle der Hoffnungslosigkeit und Leere, oder es können gar keine Gefühle mehr empfunden werden. Negative Denkmuster herrschen vor, verbunden mit starker Grübelneigung, permanenter Selbstkritik, Konzentrationsproblemen und Suizidgedanken. Ein deutlich verringertes Interesse oder eine verringerte Freude an Aktivitäten tritt ein. Die Betroffenen ziehen sich zurück und werden antriebsarm oder rastlos" (Kunz, Scheuermann & Schürmann 2009, S. 109).

▲▲▲ Beispiel

Die Gruppenleitung Verena ist schon länger krankgeschrieben, weil sie stark erschöpft ist und morgens kaum aus dem Bett kommt. Rückenschmerzen und Migräne plagen sie. Tagsüber ist sie antriebslos und müde, und sie fühlt sich hilflos und überfordert. Verena hat eine längere Zeit hinter sich, in der sie aufgrund eines Wasserschadens in der Kita ihr Gruppenzimmer nicht nutzen konnte und auf einen Raum im Gemeindehaus ausweichen musste. Das führte zur Isolierung vom Team, die dadurch verstärkt wurde, dass sie sich mit ihrer Kollegin in ihrer Gruppe nicht gut versteht. Obwohl der Wasserschaden zwischenzeitlich saniert wurde und Verena wieder in der Kita in ihrem früheren Raum arbeitet, findet sie den Anschluss an sich selbst und an das Team nicht mehr richtig. Sie ist freudlos und demotiviert, und immer öfter fragt sie sich nach dem Sinn in ihrem Job und im Leben. Nun hat Verenas Arzt sie gefragt, wie sie sich ihr weiteres Arbeitsleben vorstelle. Er könne sie nicht länger krankschreiben, da keine organischen Ursachen erkennbar seien. Der Arzt schlägt eine psychosomatische Kur oder eine Klinik vor.

Interventionsprinzip „Aufklären und Handeln"

Ein depressives Teammitglied ist nicht nur selbst von den Auswirkungen der Erkrankung betroffen, sondern die ganze Gruppe dürfte mehr oder weniger stark belastet sein. Wer der Person nähersteht, leidet vielleicht mit, denn allzu verständlich sind die Gründe für solche Befindlichkeiten. Andere ärgern sich, weil sie Arbeiten der ausgefallenen Kollegin oder des Kollegen übernehmen müssen. Wieder andere mögen Unverständnis und Überheblichkeit gegenüber einem psychisch kranken Teammitglied zeigen. Deshalb ist eine erste wichtige Intervention, eine psychische Krankheit als solche zu erkennen, weshalb die Leitung sachgemäße Informationen einholen sollte, wenn sie diesen Verdacht bei einem Teammitglied hat. Weder helfen, an diesem Beispiel der Depression genannt, wohlgemeinte Ratschläge noch Verärgerung und Distanzierung zu der betroffenen Person.

Die Leitung sollte im Rahmen ihrer Fürsorgepflicht wissen, dass es bei Depressionen überdurchschnittlich häufig zum Suizid kommen kann. Deshalb ist es wichtig, dass Menschen, die Gefahrensignale erkennen, agieren und nicht abwarten, in der Hoffnung, dass die Krankheit von allein verschwindet. Sie muss sach- und fachgerecht behandelt werden. Die Kommunikation mit einem depressiven Teammitglied erfordert Geduld, beharrliches Nachfragen und einen echten Kontakt auf der Beziehungsebene.

Tipp

Die Leitung sollte sich bewusst sein, dass es im Kontakt mit einem depressiven Teammitglied zu emotionalen Übertragungen kommen kann. Die trostlose, niedergeschlagene Stimmung kann im Gespräch auch bei sich selbst wahrgenommen werden. Hier handelt es sich um einen psychologisch normalen Prozess der Gegenübertragung, der mit der Leitung persönlich nichts zu tun hat. Mit diesem Wissen kann sie eine professionelle Distanz wahren. Sollte die Leitung allerdings selbst an einer Depression oder an depressiven Verstimmungen leiden, wird ihr das ebenfalls betroffene Teammitglied einen Spiegel vorhalten. Damit ist im Hinblick auf sich selbst und auf das Gegenüber ebenfalls professionell umzugehen, was in dem Fall bedeuten kann, dass die Leitung die Gesprächsführung und Klärung mit dem betroffenen Teammitglied aufgrund fehlender persönlicher Distanz an eine andere, geeignete Person abgibt.

Mit dem betroffenen Teammitglied sprechen

Im besten Fall findet ein solches oder mehrere Klärungsgespräche auf Augenhöhe statt: Die betroffene Person und die Leitung informieren sich gegenseitig. Die Führungskraft rückt hierbei in eine Doppelrolle, in der sie gleichermaßen zur beratenden Person wird. Dabei ist es wichtig, die persönlichen, personellen und arbeitsrechtlichen Grenzen zu wahren, denn die Leitung ist immer auch Vorgesetzte/-r und nicht Therapeut/-in oder Coach/-in eines Teammitglieds.

Es geht am Arbeitsplatz darum, Einschätzungen zur Arbeitsleistung einer Person zu treffen und zu eruieren, welche unterstützenden Maßnahmen erfolgen können, sodass diese nach Minderung oder Einschränkung wieder voll erbracht werden kann. Andernfalls geht es seitens des Arbeitgebers auf der Trägerebene um weitere Maßnahmen, wie ggf. die der beruflichen Eingliederung nach längerer Krankheit, bei höherem Alter um eine Frühpension oder auch um eine Kündigung aufgrund längerer Krankheit mit negativer Progno-

se. Es braucht hierbei neben der Sachinformation zur Erkrankung zwingend arbeitsrechtliche Kenntnisse, Kompetenzen und Befugnisse.
Da von einer psychischen Erkrankung eines Mitglieds das ganze Team betroffen sein dürfte, wendet sich die informierte Leitung auch an alle. Sie klärt zur Erkrankung im Rahmen der gesetzlichen Möglichkeiten auf, insbesondere unter Wahrung der Persönlichkeitsrechte der betroffenen Person, und wirbt um Verständnis. Andererseits sieht sie, wo konkret durch verminderte Leistungen oder krankheitsbedingten Ausfall eines Teammitglieds Verantwortlichkeiten auf andere verschoben werden. Die Leitung sollte mit dem Team besprechen, ob die Veränderungen (weiter) mitgetragen werden können oder welche anderen Lösungen gefunden werden sollten. Fühlt sich das betroffene Teammitglied stabil genug, kann es selbst die Kolleg/-innen zur Erkrankung aufklären.

Tipp

Der Umgang mit psychisch erkrankten Teammitgliedern ist eine Herausforderung, weil manchmal entweder die Krankheit nicht als solche erkannt und eingeordnet wird oder weil sich dadurch eigentümliche Verhaltensweisen in einem Team entwickeln können. So schlüpft ein Teammitglied vielleicht in eine Mutter- oder Vaterrolle und nimmt die betroffene Person aus ihrer Selbstverantwortung. Ein anderes übt sich in Schuldzuweisungen gegenüber der betroffenen Person, um von eigenen Unzulänglichkeiten in der Arbeit abzulenken. Ein drittes Teammitglied nutzt die getrübten Befindlichkeiten zum Tratsch und Klatsch oder macht sich insgeheim oder offen über die betroffene Person lustig. Auf negative Tendenzen im Umgang mit einem psychisch kranken Teammitglied sollte die Leitung gut achten und bewusst gegensteuern.

Literatur-Tipp

Mannhard, Anja (2020): Powerfrau Erzieherin. Du bist stark! Du bist gesund! Wie Sie den täglichen Kraftkillern begegnen und neu durchstarten. Auer Verlag.

3.3 Fall 3: Das Kind gemeinsam schützen

Wird ein Kind Opfer sexueller Gewalt, bedeutet dies ein massives familiäres und in der Kita institutionelles Krisengeschehen. Die beim Kind entstehende Traumatisierung hat häufig starke psychische und körperliche Auswirkungen. Die Dunkelziffer ist im Vergleich zu den aufgedeckten Fällen um eine Vielzahl größer, weil entweder die Kinder niemanden haben, der ihnen hilft, ihre Signale falsch gedeutet oder ignoriert werden oder weil sie aus Angst und Scham schweigen.

Warnsignale für sexuellen Missbrauch

Deshalb ist es für pädagogische Fachkräfte in Kitas wichtig, dass sie auf solche Fälle vorbereitet und darüber informiert sind. Zudem besteht hier der institutionelle Schutzauftrag, etwaige Warnsignale zu erkennen, einzuordnen und sich Unterstützung in Person einer „insoweit erfahrenen Fachkraft" (z. B. über das Jugendamt oder Kinderschutzzentren) zu suchen. Es existiert hierbei ein klarer Verhaltens- und Handlungsauftrag, der sich aus dem Schutzauftrag § 8a SGB VIII bei Kindeswohlgefährdung für die Leitung und das Team bei einem betroffenen Kind ergibt.

Da dazu genügend Fachmaterialien bereitstehen, wird auf weitere rechtliche und organisatorische Ausführungen an dieser Stelle verzichtet. In diesem Fallbeispiel und den nachfolgenden Hilfestellungen soll es vor allem um die emotionalen Auswirkungen auf die Teammitglieder gehen, die mit dem institutionellen Krisengeschehen in Verbindung stehen.

Beispiel

Das Mädchen Elena ist der Erzieherin Maria schon öfter aufgefallen, denn aus dem einst recht fröhlichen Kind wurde eines, dessen Gefühlslage sich nun zwischen Desinteresse, geistiger Abwesenheit und zeitweise aggressiven Ausbrüchen zu bewegen scheint. Als die Erzieherin Elenas Mutter darauf anspricht, zuckt diese mit den Achseln; sie meint, dass sie auch nicht wüsste, was mit ihrer Tochter los sei. Veränderungen habe aber auch sie bemerkt.

Maria beobachtet im Rollenspiel des Kindes, dass dieses mit zwei Puppen sexualisierte Handlungen nachstellt. An einem anderen Tag kommt ein Mädchen aus der Gruppe weinend zu Maria und erzählt, dass Elena ihr auf der Toilette fest auf den nackten Po gehauen hätte.

Die Erzieherin nimmt sich in einer Woche vor den Ferien mit weniger Kindern in der Gruppe Zeit, um mit Elena im Rollenspielbereich einer freien Interaktion nachzugehen. Dort erzählt das Kind, dass es am Wochenende nicht mehr gerne zu seinem Vater geht, der von der Mutter und der Familie getrennt lebt. Unter dem Bett und im Schrank in ihrem Zimmer lauerten Monster, die nur darauf warteten, Elena zu fressen. Unmittelbar im Gespräch greift Elena Maria fest an ihre Brust und fragt: „Was hast du denn da?"

Die Erzieherin ist schockiert über diesen plötzlichen körperlichen und sexualisierten Übergriff und fühlt sich verwirrt. Sie bespricht ihre Beobachtungen mit einer Kollegin und der Leitung, die daraufhin die Fachberatung des Trägers hinzuzieht. Nach einer internen Fallbesprechung führen Maria und die Leitung ein Gespräch mit der Mutter und berichten von ihren Beobachtungen und dem veränderten Verhalten des Kindes. Gleichzeitig konfrontieren sie die Mutter vorsichtig damit, dass das sexualisierte Verhalten des Kindes, kombiniert mit seiner veränderten Gefühlslage, ein Warnsignal sei, das fachlich mit einer insoweit erfahrenen Fachkraft einer Beratungsstelle abgeklärt werden sollte. Sie fragen nach, ob der Mutter solche Spielhandlungen und Verhaltensweisen auch aufgefallen seien und ob sie bemerkt habe, dass Elena am Wochenende nicht mehr gern zu ihrem Vater geht. Elenas Mutter reagiert zunächst ablehnend, aber im Laufe des Gesprächs gibt sie ähnliche Beobachtungen zu und äußert, sich selbst schon seit einer Weile Sorgen zu machen. Sie stimmt dem Hinzuziehen einer Fachperson zu und verabredet mit der Beratungsstelle einen Gesprächstermin. Die weiteren Gespräche und Interventionen bestätigen den sexuellen Missbrauch des Kindes durch den Vater, und es erfolgen entsprechende strafrechtliche Konsequenzen von der Anzeige bis zur Verurteilung. Elena und die Mutter erhalten über die Fachstelle ein Beratungs- und Therapieangebot.

Interventionsprinzip „Einen schützenden Kontext schaffen"

Dem Verhalten des Kindes und der Mutter nach können die pädagogischen Fachkräfte davon ausgehen, dass Gefahrensignale und Warnhinweise noch nicht offen gesehen und angesprochen werden. „Eine Atmosphäre der Verschwiegenheit bei Mutter und Tochter ist häufig wahrzunehmen in Familien, bei denen ein sexueller Missbrauch nicht thematisiert ist. Damit ein Kind sich in seiner Not mitteilen kann, muss eine Vertrauensperson offen für die Andeutungen des Kindes sein und diese bejahend und interessiert aufnehmen" (Kunz, Scheuermann & Schürmann 2009, S. 73). Wenn pädagogische Fachkräfte die Signale des Kindes achtsam wahrnehmen und aufgreifen, können sie das (veränderte) Verhalten als einen Hilferuf einordnen und dem Kind einen schützenden Rahmen im weiteren Vorgehen anbieten.

Tipp

Bei sexueller Gewalt gegen Kinder bzw. bereits bei einem solchen Verdacht werden wir mit starken unangenehmen Emotionen bei uns selbst konfrontiert. Die Gefahr, in Aktionismus zur verfallen, um das Kind zu schützen und uns selbst von solchen Gefühlen zu entlasten, ist besonders hoch. „Von der Aufdeckung bis zu den notwendigen Schritten, um das Kind tatsächlich schützen zu können, vergeht viel Zeit und der Prozess braucht eine kontinuierliche Unterstützung, am besten durch eine spezialisierte Beratungseinrichtung" (Kunz, Scheuermann & Schürmann 2009, S. 74).

Wie im Fallbeispiel dargestellt, benötigt es vonseiten der informierten Leitung und der pädagogischen Fachkraft ein vorsichtiges und empathisches Ansprechen der Beobachtungen bei der familiären Bezugsperson des Kindes, die vermutlich nicht an einem etwaigen sexuellen Missbrauch beteiligt ist, in dem Fall die Mutter. Mithilfe dieser Person muss ein schützender Kontext für das Kind hergestellt werden. „Wirksamer Schutz bedeutet, gegen ängstigende oder gefährdende Einflüsse abgesichert zu sein, seien dies nun Einflüsse von außen oder von innen" (Kunz, Scheuermann & Schürmann 2009, S. 75). Im Fallbeispiel benötigt das Kind Schutz vor etwaigen weiteren sexuellen Übergriffen durch den Vater sowie im Verdachtsfall und erst recht bei bestätigter sexueller Gewalt eine räumliche Trennung von ihm.

Die Autoren Kunz, Scheuermann & Schürmann nennen Hinweise zum konkreten Vorgehen:

- Das Schutzbedürfnis des Kindes muss erkannt werden.
- Wenn die betroffene Person das Schutzbedürfnis gar nicht wahrnimmt, was bei (sexueller) Gewalt im häuslichen Umfeld häufiger der Fall ist, hilft die empathische Fachkraft dem Kind, ein solches zu entwickeln.
- Die Fachkraft sollte sich bei einem gewalttätigen Täter / einer gewalttätigen Täterin auch selbst schützen, ggf. mithilfe der Polizei.
- Wie der schützende Kontext konkret aussehen kann, sollte gemeinsam mit den betroffenen Personen entwickelt werden.
- Wenn nötig, findet ganz praktisch eine Vermittlung zum Schutz statt: zum Frauenhaus, mit rechtlichen Verfügungen, durch einen Klinikaufenthalt oder eine Unterbringung bei unterstützenden Personen (vgl. Kunz, Scheuermann & Schürmann 2009, S. 76–77).

Alle Beteiligten im Blick haben

In einem pädagogischen Team löst (sexualisierte) Gewalt gegen ein Kind meist ein Krisengeschehen aus, mindestens bei den Personen, die in näherer Verbindung zu ihm stehen. Aber auch alle anderen dürften erschüttert und von heftigen Emotionen bewegt sein. Es ist wichtig, die eigenen Gefühle achtsam wahrzunehmen und Selbstfürsorge zu betreiben, was heißt, nicht die Einzelkämpferin oder den Einzelkämpfer zu spielen, sondern sich zu vernetzen, damit die (emotionale) Last und Verantwortung geteilt werden kann. Es heißt auch, sich der psychologischen Übertragung von Emotionen bewusst zu sein: Die Fachkraft kann im Kontakt mit einem betroffenen Kind z. B. plötzlich Angst, Scham oder Aggression bei sich selbst wahrnehmen. Betroffene haben zeitweise den Kontakt zu ihren (echten) Gefühlen verloren, weil sie das Geschehen und letzten Endes auch sich selbst verleugnen müssen. Ihr Verhalten kann recht irrational und sprunghaft wirken, weshalb seitens der Fachkraft ein entsprechendes Verständnis und eine Akzeptanz erforderlich sind. Mit der kollegialen und fachübergreifenden Vernetzung und der achtsamen Wahrnehmung von Gefühlen und einem Schutzbedürfnis besitzt die Fachkraft auch Modellfunktion. Im Fallbeispiel erfolgt diese für die Mutter und deren weiteres Vorgehen, sodass die Hilferufe des Kindes ernst genommen und eine Beratung aufgesucht wird, um Unterstützung zu erhalten. Solche Fakten sind schwer zu ertragen, wenn sie sich bestätigen, und sie lassen niemanden unberührt. „Dabei ist zu bedenken, dass Missbrauch ein zentrales Thema berührt. Es geht um die Aufdeckung von etwas, das schwer zu glauben und schwer zu ertragen ist. Zudem ist das traditionelle Bild des missbrauchenden Täters das eines schwer gestörten Mannes, eines Triebtäters, und das Opfer gilt als verführerisch. Der feministische Ansatz schlägt hingegen vor, den Missbrauch als eine Form sexueller Gewalt […] anzusehen, verbunden mit einer Kultur, die sexuelle Gewalt bedingt und gleichzeitig dazu beiträgt, diese aufrecht zu erhalten. […] Weitere Erklärungsangebote diskutieren z. B. bestimmte Einstellungen der Täter, die Gewaltausübung rechtfertigen und der Auffassung sind, sie tun nichts Verwerfliches" (Kunz, Scheuermann & Schürmann 2009, S. 77).

Info

Da Erwachsene dem Kind überlegen sind, tritt neben der Benutzung oder Ausnutzung für die eigenen Bedürfnisse der Machtmissbrauch besonders in den Vordergrund. Mädchen werden häufiger missbraucht als Jungs, aber auch diese können Opfer werden. Und nicht immer sind Männer Täter, sondern auch Frauen können zu Täterinnen werden. Da es zu diesem Thema des Fallbeispiels zahlreiche einschlägige Literatur gibt, wird in diesem Buch auf entsprechende Hinweise verzichtet. Ferner werden in der Regel pädagogische Fachkräfte über qualifizierte Träger zum Schutzauftrag nach § 8a fortgebildet.

3.4 Fall 4: Sich durch den Dschungel der Coronakrise kämpfen

Ein Virus verändert mehr als so manch anderes Virus, das in der Kita auftreten kann (z. B. das Norovirus, das ebenfalls erhebliche Anforderungen an die Hygiene mit sich bringt): das Coronavirus (COVID-19). Im Februar 2020 tritt es erstmals offiziell in Europa auf und bringt binnen kurzer Zeit das gesellschaftliche und wirtschaftliche Leben zum Erliegen, womit ein Krisengeschehen ausgelöst wird.

Ein Virus stellt alles auf den Kopf

Die Gemüter sind aufgeheizt, was alle möglichen politischen und mehr oder weniger professionellen journalistischen Bestrebungen von Halbwahrheiten und Fakes über die eigene Profilierungssucht bis zu hilfreichen medizinischen und wissenschaftlichen Informationen und Entscheidungen mit sich bringt. Die Leitung mit ihrem Team muss sich hierbei durch diesen Dschungel kämpfen und in Abstimmung mit dem Träger gesetzliche Bestimmungen im Alltag der Kita täglich umsetzen.

Beispiel

Das Coronavirus beschäftigt die Kita „Zukunft für Kinder" ab dem Frühjahr 2020 und bis weit ins folgende Jahr. Täglich treffen neue Nachrichten ein, worauf die Fachkräfte achten müssen, und es gibt eine große Verunsicherung bei Eltern, Kindern und im Team. In Abstimmung mit dem Träger erarbeitet die Leitung einen neuen Hygieneplan, und bis zum Ende des Jahres und für die Zeit nach den Weihnachtsferien sind alle mit der Umsetzung beschäftigt. Mehrere Phasen durchläuft die Einrichtung: von der zeitweisen Schließung wegen eines aufgetretenen Coronafalls über die Notbetreuung bis zur Wiederaufnahme des Regelbetriebs unter Pandemiebedingungen.

Interventionsprinzip „Faktencheck"

Im Rahmen des Arbeits- und Gesundheitsschutzes und aufgrund der gesetzlichen Verordnungen bei einer Pandemie zum Schutz für die Kinder und Erwachsenen in der Kita ist ein veränderter bzw. angepasster Hygieneplan zwingend notwendig. Die Verantwortung für die Erstellung und Umsetzung wird an den meisten Orten geteilt und liegt beim Träger und der Leitung. Der grundständige Plan muss in jeder Einrichtung ohnehin vorhanden sein, und für den Hygieneplan beim Betrieb der Kita unter Pandemiebedingungen bieten die Gesundheitsämter und Aufsichtsbehörden für Kindertagesstätten Muster und Richtlinien an, die die Leitung mit dem Team auf die spezifischen Anforderungen der Kita anpassen und erarbeiten muss. Die Aufgabenstellung in einem solchen Krisengeschehen besteht für die Leitung in sachdienlicher Information, Kommunikation und Organisation nach allen Seiten und in ihrer Kontrollfunktion, dass sich alle großen und kleinen Menschen in der Kita an die (veränderten) Bestimmungen halten.

Tipp

Der übergeordnete Hauptaspekt der Führungsverantwortung dürfte in einem konstruktiven Umgang mit der Angst im Team liegen, der in Information, Aufklärung und sachlicher Einschätzung liegt, was nicht leicht ist, wenn die ganze Welt Angst hat. COVID-19 löst weitaus mehr Ängste in der Bevölkerung aus, als es das ein oder andere Virus in der Vergangenheit tat, da es zum Zeitpunkt des Auftretens neu und unbekannt war, man seine Folgen (noch) nicht einschätzen konnte und es schwere Verläufe und Todesfälle gab und gibt. Deshalb sollte die Leitung in solchen Krisen nicht zu viel von sich verlangen und sich vor allem auf die Möglichkeiten der sach- und fachgerechten Informationen und Leitlinien durch die Aufsichtsbehörden für Kindertagesstätten, die Gesundheitsämter und vom Träger eingesetzte Fachpersonen verlassen. Wer sich darüber hinaus gerne ein eigenes oder erweitertes Bild machen möchte, tut gut daran, die Literatur- oder sonstigen Quellen gut zu prüfen, um hier keinen Interessenskonflikten von Journalist/-innen, Wissenschaftler/-innen oder Politiker/-innen aufzusitzen.

Die Schritte der übergeordneten Maßnahmen in der Kita sind:

- Fundierte und fachlich anerkannte Informationen beschaffen und austauschen
- Mögliche Ansteckungsorte und -wege in der Kita erkennen und präventiv vorbeugen
- Die gesetzlichen Bestimmungen umsetzen
- Möglichkeiten des (Selbst-)Schutzes, wie z. B. Stärkung des Immunsystems und/oder Impfung eruieren und Entscheidungen treffen
- Sich von Lügen, Fakes und Hysterie abgrenzen und thematisieren wie gegensteuern, wenn unter Eltern oder im Team destruktiv emotionalisiert wird

Info-Tipp

Die Leitung sollte im Bereich Infektionsschutz und Gesundheitsmanagement in der Kita gut informiert sein. Hier die wichtigsten Antworten auf die am meisten gestellten Fragen:

- **Was darf ich zur Gesundheit beim Kind bei der Aufnahme abfragen?**
  Antwort: mit rechtlicher Grundlage nur chronische Krankheiten, regelmäßige Medikamenteneinnahme, Allergien und Lebensmittelunverträglichkeiten
- **Können Impfungen für den Besuch der Kita verlangt werden?**
  Antwort: außer Masern mit rechtlicher Grundlage bislang keine; allerdings nimmt der Gesetzgeber die Leitung trotz fehlender Impfpflicht bei sonstigen Impfungen dennoch in die Pflicht: Sie muss zum Infektionsschutzgesetz und den empfohlenen Impfungen für den Kita-Besuch informieren, und sie sollte sich die Impfberatung durch einen ärztlichen Besuch bei der Aufnahme eines Kindes nachweisen lassen (Vorsorgeheft oder ärztliche Bescheinigung).
- **Wie wird das Infektionsschutzgesetz in der Kita richtig umgesetzt?**
  Antwort: Bestimmte Krankheiten müssen dem Gesundheitsamt gemeldet werden. Bei bestimmten Krankheiten darf das Kind die Kita nur nach ärztlicher Gesundschreibung wieder besuchen: Sie sollten die Eltern auf ihre Mitteilungspflicht für bestimmte Krankheiten im Haushalt hinweisen (Informationen zum jeweils aktuellen Stand der meldepflichtigen Krankheiten erteilen die Gesundheitsämter oder vom Träger eingesetzte Fachpersonen).
- **Dürfen oder sollen wir in bestimmten Fällen einem Kind ein Medikament geben?**
  Antwort: Die Medikamentengabe durch eine pädagogische Fachkraft ist freiwillig und benötigt Ihre Zustimmung, und wenn sie erfolgt, unterliegt sie klaren Regeln, die in einer gesonderten privatrechtlichen Vereinbarung zwischen den Eltern und dem Träger schriftlich dargestellt und von beiden Vertragspartner/-innen unterschrieben sein sollten. Die Zuständigkeiten des

Trägers / der Trägerin und der Leitung bzw. der Fachkraft, die die Verantwortung für die Medikamentengabe übernimmt, müssen klar geregelt sein. Dazu gehört, dass Haftungsrisiken eindeutig geklärt wurden. Es empfiehlt sich, dass die beteiligten Fachkräfte eine Berufshaftpflichtversicherung besitzen oder abschließen. Die Kosten belaufen sich in der Regel auf unter 100 Euro pro Jahr. Denkbar ist auch die Benennung einer eigens durch den Träger versicherten Fachkraft als „Medikamenten-Beauftragte". Aus einer ärztlichen Verordnung sollte sich ergeben, welches Medikament wann, in welcher Dosis und wie lange gegeben und wie es gelagert werden muss, beispielsweise im Kühlschrank. Die Medikamentengabe muss dokumentiert werden. Vertretungsregeln sollten vereinbart werden für den Fall, dass die bestimmte Fachkraft ausfällt.

- **Immer wieder werden kranke Kinder in die Kita gebracht, wie gehen wir rechtssicher damit um?**

  Antwort: Krank wirkende Kinder sollten Sie nicht annehmen, da nicht klar ist, woran sie leiden und ob ein Ansteckungsrisiko besteht. Entwickelt sich die Krankheit des Kindes während der Betreuungszeit, sollten Sie auf Abholen des Kindes durch die Eltern bestehen. Sind diese nicht erreichbar, müssen Sie unter Umständen den Notarzt / die Notärztin rufen. Diese Verhaltensweisen müssen klar im Betreuungsvertrag geregelt und von den Eltern unterschrieben werden.

Gemeinsam nach vorn schauen

Krisen durch ein lange andauerndes Virusgeschehen verlangen der Leitung und ihrem Team vieles ab. Bisherige Gewohnheiten und Verhaltensmuster, aber auch unreflektiert gelebte Werte werden über den Haufen geworfen. Der Erschütterung trotzen heißt, dennoch miteinander neue Ideen und Projekte (für die Zeit danach) zu entwerfen, Begegnungen mit den kleinen und großen Menschen auf andere Weise stattfinden lassen und sich von (neuer) Kreativität in der Arbeit leiten lassen. Und: dem Miteinander die Treue halten!

3.5 Fall 5: Stolperfallen der Aufsichtspflicht umgehen

Die Aufsichtspflicht ist handhabbar, wenn man dazu das Wissen und die nötigen Handlungskompetenzen besitzt. Sie ist eine geteilte Verantwortung zwischen Träger, Leitung, Fachkräften sowie Eltern und ergibt sich aus den gesetzlichen Bestimmungen (§ 832 BGB) wie aus situativen Absprachen (z. B. bei einem Ausflug).

▼▼▼ Ein Kind wird angefahren

▲▲▲ Beispiel

Sofia ist ein sehr aktives Kind und verlangt den Erzieherinnen in der Gruppe einiges ab. Schauen diese nur kurz einmal nicht hin, klettert sie im Garten wie der Blitz die Feuerleiter hoch, oder sie erklimmt über die Rutschbahn einen angrenzenden Baum. Die pädagogischen Fachkräfte müssen das Kind immer gesondert im Auge behalten. Eines Morgens spielt die ganze Gruppe draußen, und plötzlich quietschen die Reifen!

Als sich die eine Erzieherin der Gartenaufsicht umdreht, sieht sie, dass Sofia das Gartentor unbemerkt geöffnet hat und in ein Auto auf der angrenzenden Straße gelaufen ist. Dieses hat das Kind angefahren.

Nachdem Sofia mit dem Rettungswagen ins Krankenhaus gekommen ist, bespricht die Leitung mit den beiden Erzieherinnen der Gartenaufsicht den Vorfall. Wie konnte es passieren, dass Sofia das Tor geöffnet hat und auf die Straße gelaufen ist? Es stellt sich heraus, dass die Gartenaufsicht vergessen hat, das Tor vor dem Aufenthalt der Kinder draußen abzuschließen.

Interventionsprinzip „Haltung und Verantwortung"

Die Aufsichtspflicht liegt in diesem Fallbeispiel bei den verantwortlichen Fachkräften, die das Außengelände vor dem Betreten mit den Kindern auf mögliche Gefahrenquellen hin überprüfen müssen. Ein Gartentor, das abgeschlossen sein muss, sodass Kinder nicht auf die Straße gelangen können, gehört dazu, weshalb dieser Fall eine Aufsichtspflichtverletzung darstellt.

Die Leitung muss sich in einem solchen Fall die Frage stellen, ob dieser Umstand allen Fachkräften klar war. Wurden die Pflichten der Gartenaufsicht zu einem Zeitpunkt besprochen und im besten Fall schriftlich niedergelegt, z.B. in Form eines Protokolls?

Kinder mit herausforderndem Verhalten wie Sofia, die sehr aktiv und körperlich beweglich immer mal Grenzen überschreitet, müssen den Fachkräften in allen Alltagssituationen umso mehr bewusst sein. Sie sollten entsprechende Vorkehrungen treffen, damit sich die Kinder nicht selbst gefährden.

Nur wenn die Kinder sich so verhalten, dass die Aufsichtspflicht grundsätzlich nicht mehr gewährleistet werden kann und wenn keine pädagogischen Maßnahmen greifen, muss in Abstimmung mit den Eltern und dem Träger der Betreuungsvertrag überprüft und ggf. gekündigt werden. In diesem Fallbeispiel sieht die Aufsichtspflicht allerdings für alle Kinder ein geschlossenes Gartentor vor, denn einen Versuch, aus dem Garten herauszukommen, könnten auch Kinder mit weniger aktivem Verhalten unternehmen.

Eine Aufsichtspflichtverletzung kann entsprechende Haftungsfolgen haben, je nach Schwere der Verletzung, die bei einem Kind resultiert, oder wenn ein Sachschaden entstanden ist. Die meisten Vorfälle regelt der innerbetriebliche Schadensausgleich, außer bei grober Fahrlässigkeit.

Die Haftung entspricht der Form von Stufen von leichter bis grober Fahrlässigkeit:

- **Leichte Fahrlässigkeit:** Versehen oder Vergessen ohne schwerwiegende Folgen. Hier gilt der innerbetriebliche Schadensausgleich.

- **Mittlere Fahrlässigkeit:** Das Bewusstsein für einen möglichen Schaden sollte vorhanden gewesen sein, eine Absicht steckt aber nicht dahinter. Hier kann es je nach Auslegung zu einer geteilten Haftung auf Arbeitnehmer- und Arbeitgeberseite kommen, oder der Fall wird durch den innerbetrieblichen Schadensausgleich geregelt.
- **Grobe Fahrlässigkeit:** Hier geht es um Vorsatz und um grob fahrlässiges Verhalten, das arbeitsrechtliche, ggf. strafrechtliche und haftungsrechtliche Folgen für den Arbeitnehmer / die Arbeitnehmerin hat.

Welche weiteren Stolperfallen für die Aufsichtspflicht gibt es – neben Kindern mit herausforderndem Verhalten?

- **Übergabesituationen:** Die Aufsichtspflicht beginnt erst, wenn die Eltern das Kind an die Fachkraft übergeben haben, und sie endet beim Abholen. Regelungen, wie dass ein Kind allein nach Hause gehen darf, müssen schriftlich festgehalten werden.
- **Ein Kind gelangt unbemerkt aus der Kita:** Die Aufsichtspflicht der pädagogischen Fachkräfte setzt sich fort, sie müssen versuchen, das Kind zurückzuholen, und die Eltern informieren, ggf. auch die Polizei.
- **Ein Kind wird nicht abgeholt:** Die Aufsichtspflicht der pädagogischen Fachkräfte setzt sich fort, das Kind muss der Polizei übergeben werden, sollte über eine längere Zeit keine abholberechtigte Person erreichbar sein. Es ist nicht erlaubt, das Kind mit nach Hause zu nehmen (vgl. Mannhard 2019, S. 17).

Besteht eine tatsächliche Aufsichtspflichtverletzung im Team, werden nicht nur die betroffenen Fachkräfte (stark) beunruhigt sein. Auch die Leitung wird sich fragen müssen, ob sie die entsprechenden Pflichten und Stolperfallen mit dem zu erwartenden Verhalten der Teammitglieder klar und nachweislich kommuniziert hat. Deshalb ist das sofortige Einbeziehen des Trägers im Sinne des innerbetrieblichen Schadensausgleichs wichtig sowie Sachkenntnis zu den Stufen der Haftung.

Verletzung der Aufsichtspflicht im Beispiel

Im Fallbeispiel wird man voraussichtlich unabhängig des Verletzungsgrades des Kindes keine grobe Fahrlässigkeit unterstellen können. Die Fachkräfte haben weder mit Vorsatz noch mit Absicht gehandelt. Wurde im Team die Aufsichtspflicht mit den daraus resultierenden Pflichten für die Gartenaufsicht besprochen und geregelt, ist von einer mittleren Fahrlässigkeitsstufe auszugehen. Es bedarf der Verhandlungskompetenz der Leitung mit dem Träger, um zu versuchen, dass der innerbetriebliche Schadensausgleich greift und die beiden Fachkräfte mit einer Ermahnung oder Abmahnung sanktioniert werden.

Info-Tipp

Die Verantwortung der Leitung besteht im Kontext der Aufsichtspflicht in den folgenden Punkten:

- Klarheit und Entscheidungsfähigkeit
- Sachkenntnis und klare Weisungen an Mitarbeitende
- Orientierung für die Mitarbeitenden
- Dokumentationspflicht erfüllen
- Kontrolle und, wenn erforderlich, Sanktionierung von Mitarbeitenden, unter Einbeziehen des Trägers (vgl. Mannhard 2019, S. 17)

Literatur-Tipp

- Mannhard, Anja (2019): Kita-Recht – ein praktischer Überblick. Einzelheft „Bausteine KiTA-Leitung & Team" 06/2019. Bergmoser + Höller Verlag.
- Mannhard, Anja (2018): Personalführung in der Kita. Methoden und Impulse für Leitung, Fachberatung und Träger. Cornelsen Verlag.

3.6 Fall 6: Konfliktklärung bei Mobbing

Immer noch wird Mobbing nicht zwangsläufig als solches wahrgenommen und eingeordnet, wenn es tatsächlich vorliegt. Andererseits kann man manchmal beobachten, dass vorschnell behauptet wird, jemand würde gemobbt, um einer normalen Konfliktklärung aus dem Weg zu gehen.
Es fehlt in manchen Einrichtungen an sachlicher Aufklärung und an entsprechenden Hilfestellungen, obwohl der Arbeitgeber und die Führungskräfte im Rahmen der Fürsorgepflicht dazu angehalten sind.

Mobbing in sozialen Einrichtungen

Gute Träger wissen um das Problem von Mobbing, das vor allem in sozialen Non-Profit-Organisationen stärker vertreten sein soll, und stellen Leitlinien zur Prävention auf. Ferner schaffen sie Angebote zur Beratung und Vermittlung entsprechender Hilfen für die Mitarbeitenden.

Beispiel

„Eine Erzieherin bringt einen Vorfall in ihre Beratungsgruppe, der sie innerlich sehr aufwühlt. Bereits beim Erzählen kämpft sie mit den Tränen. Sie hat sich in den letzten Wochen immer wieder um einen besseren Umgang mit einer Kollegin und mit den anderen Erzieherinnen in ihrem Kleinteam bemüht. Diese Kollegin hat im Laufe eines Jahres ihre berufliche Professionalität verlassen und sie ständig mit ihren privaten Problemen konfrontiert. […] Nachdem die Erzieherin anfangs Verständnis zeigte und die Kollegin nicht gegen sich aufbringen wollte, fingen die Erzählungen mehr und mehr an, sie zu belasten. […]
Irgendwann hielt sie es nicht mehr aus und bat die Kita-Leitung um Hilfe. Diese führte ein Gespräch mit den beiden Fachkräften. Von da an gab sich die Kollegin gegenüber der Erzieherin betont sachlich. Kam die Erzieherin in einen Raum, verstummten die Gespräche plötzlich. Einen Monat später musste sich die Erzieherin in einer Fallbesprechung zu einem Kind für ihr scheinbares Versagen rechtfertigen, obwohl die Eingewöhnung sehr gut verlaufen war […] Die

Begründung lautete: Es sei ihr nicht gelungen, eine gute Beziehung mit diesem Kind aufzubauen. Weder die Erzieherin noch die Eltern des Kindes konnten das verstehen. […]
Der Vorfall, der in der Beratungsgruppe thematisiert wurde, ereignete sich vorige Woche. Als die Erzieherin auf der Personaltoilette war, unterhielten sich zwei Kolleginnen am Waschbecken über sie, ohne sie zu bemerken. Sie erzählten sich, dass die Kollegin, die sich offenbar gegen die Erzieherin stellte, berichtet hatte, dass ihr Geld aus der Gruppenkasse fehle, nachdem die Erzieherin ihre Vorbereitungszeit im Gruppenraum gemacht hatte, und dass sie vermute, dass sie das Geld gestohlen hätte" (Mannhard 2018d, S. 4).

Interventionsprinzip „Information und Hilfestellung"

Wer von Mobbing betroffen ist, dürfte definitiv in eine Krise geraten. Die Folgen sind gravierend und können von einer Depression und Ängsten bis zum Suizid reichen. Mobbing ist gezielter Psychoterror, der über einen normalen Konflikt weit hinausgeht und sich auf kollegialer Ebene abspielt. Es werden dabei gezielt und systematisch schikanierende Verhaltensweisen eingesetzt, mit dem Ziel, die betroffene Person vom Arbeitsplatz zu vertreiben.
Bossing wird von Vorgesetzten gegen eine unterstellte Person ausgeübt, und was seltener vorkommt, aber vorkommen kann, ist Staffing, das von Mitarbeitenden gegen einen Vorgesetzten ausgeübt wird. Meist tun sich hier mehrere Teammitglieder gegen eine Leitung zusammen.
Nicht jeder Konflikt muss in Mobbing ausarten, aber bei einem nicht qualifizierten Konfliktmanagement ist die Gefahr groß. Die Ursachen sind vielfältig: Wettbewerb und Konkurrenz, Stellenabbau, Über- oder Unterforderung, negative Haltung der Ausgrenzung, persönliche Motive wie z. B. Neid, fehlende Aufklärung, Hilfestellung und Prävention.

Harald Edge benennt sieben Parameter des Mobbing:

- Das Mobbing findet am Arbeitsplatz statt.
- Die feindseligen Handlungen finden häufiger und systematisch statt.
- Das Mobbing dauert mindestens sechs Monate mit Ausnahme des Quick-Mobbings von drei Monaten.
- Mindestens eine feindselige Handlung führt zu dauerhaften Veränderungen der Arbeitssituation.
- Es besteht ein Ungleichgewicht (Täter-Opfer-Beziehung).
- Das Mobbing verläuft nicht statisch, sondern in Phasen.
- Das Mobbing findet gezielt und nicht zufällig statt (vgl. Mannhard 2020d, S. 35).

Tipp

Schikanen sollten als solche erkannt und schriftlich in einem Mobbing-Tagebuch festgehalten werden. Dieses dient zur Vorlage und zum Beweis beim Träger, bei der Mitarbeitendenvertretung und ggf. auch bei einem Anwalt / einer Anwältin und vor Gericht. Mobbing ist eine Straftat, und es bestehen bei ordentlicher sachlicher Dokumentation bessere Chancen der Beweisführung. Das Tagebuch enthält mit Datum und kurzer Beschreibung jeden Vorfall und dessen Auswirkungen und Folgen für die betroffene Person, im Idealfall mit der Nennung von Zeug/-innen.

Literatur-Tipp

Mannhard, Anja (2019): Führen im Sandwich. Methoden und Impulse für Leitungen, Fachberatung und Träger. Cornelsen Verlag.

3.7 Fall 7: Die Sandwich-Position erfolgreich meistern

Die Leitung einer Kita arbeitet an den meisten Orten in der Triade Träger-Fachberatung-Leitung. Als Führungskraft führt sie die Mitarbeitenden des Kita-Teams und wird ihrerseits von Vorgesetzten auf Trägerebene geführt, was der klassischen Sandwich-Position entspricht.
Die Herausforderungen der Rolle und Funktion einer heutigen Kita-Leitung besteht in den Prozessen, Ressourcen und Angeboten der Kita, im übergeordneten und mit dem Träger abgestimmten Leitbild, in der Führungsverantwortung, in der Qualitätsentwicklung, im Personalmanagement von der Gewinnung über die Verwaltung bis zur Entwicklung, in der Ausbildung und Nachwuchsförderung und nicht zuletzt im Gesundheitsmanagement der pädagogischen Fachkräfte.

Spannung in beide Richtungen

Dies ist eine große Verantwortung, die manchmal im Hinblick auf die Rollenfindung und -definition sowie auf die Zuständigkeiten und das selbstverantwortliche Arbeiten zu Spannungen in die eine Richtung der eigenen Vorgesetzten oder in die andere Richtung des Teams führen kann, und manchmal sogar in beide Richtungen. So kann es in der Sandwich-Position zu Konfusionen und Konflikten kommen, die ein Krisengeschehen auslösen, von dem je nach Ausmaß nicht nur die Leitung, sondern auch der Träger und das Team betroffen sein können.

Beispiel

„Frau Wolf leitet die Kita Sonnenschein. In der letzten Zeit gibt es einige Diskussionen im Team wegen Umstrukturierungen, die der Träger mit der Kita plant. Es sollen zwei Gruppen zu einer altersgemischten Gruppe zusammengefasst werden, und es soll aus einer reinen Vorschulgruppe eine für Kinder von drei bis sechs Jahren werden. Das Team beklagt, dass Frau Wolf die strategischen Überlegungen des Trägers nicht transparent und nachvollziehbar kommuniziert und es nicht wisse, auf was es sich einstellen soll. Frau Wolf fühlt sich ihrerseits von ihrer Vorgesetzten nicht ausreichend informiert und unterstützt. Sie bekommt nur Fristen, Fakten und Erwartungen serviert, aber keine begleitenden Maßnahmen“ (Mannhard 2020d, S. 73).

Interventionsprinzip „Klarheit in der Rolle“

Fehlende Rollenklarheit wie in diesem Beispiel und fehlende Kommunikation in beide Richtungen führen zur Verwirrung und zu Differenzen. Im Fallbeispiel scheint sich die Trägervertreterin – die Vorgesetzte der Leitung – aus der (manchmal unangenehmen) Verantwortung für das Change-Management herauszunehmen und die gesamte Kommunikation und Umsetzung mit dem Team von der Leitung zu erwarten. Das ist bei gravierenden Veränderungen wie in diesem Fall, die vermutlich von manchen Teammitgliedern als Verschlechterung wahrgenommen werden, nicht möglich.

Es besteht eine geteilte Verantwortung auf Leitungs- und Trägerebene. Hier bekommt die Leitung Druck von beiden Seiten, von der Vorgesetzten und vom Team, was die schlechte Variante der Sandwich-Position darstellt. Damit sie zwischen den Positionen nicht zerrieben wird, benötigt sie klare Ziele, Aufträge und Kompetenzen und auch die Abgrenzung von Erwartungen, die sie nicht erfüllen kann oder will. Die Leitung muss wissen, was sie entscheiden darf, wo und wann ihre Sicht der Dinge gehört werden will, wen sie kontrollieren und wem sie Weisungen erteilen darf, welche Informationen sie zur Erfüllung ihrer Aufgaben benötigt und über welche Mittel sie verfügen kann.

Klarheit in den Möglichkeiten und Grenzen der Leitungskompetenzen macht vieles im Alltag leichter und wirkt präventiv gegen Konflikte, unnötige Reibungsverluste und Krisenentwicklung.
Der folgende Selbsttest gibt Aufschluss, ob der Leitung genügend Kompetenzen für ihre qualitativ gute Aufgabenerfüllung eingeräumt werden:
„Beantworten Sie die folgenden Fragen mit Ja oder Nein.

- Werde ich für meine Aufgabenerfüllung ausreichend gut informiert?
- Erhalte ich ausreichend Unterstützung für meine Aufgabenerfüllung?
- Habe ich in meinem Bereich Einfluss auf Prozesse und Entscheidungen?
- Wenn ich darauf angewiesen bin, wie schnell kommen meine Vorgesetzten zu einer Entscheidung, mit der ich qualifiziert arbeiten kann?
- Kann ich wichtige Aspekte der oberen Führungslinie mittragen?
- Hört man mich an, wenn ich berechtigte Zweifel anmelde, und nimmt man mich ernst?
- Arbeiten meine Vorgesetzten auf den mir überstellten Führungsebenen konstruktiv zusammen?“ (Mannhard 2020d, S. 60/61)

Klarheit für Orientierung

Die Unternehmensberaterin Regina Bergdolt hält es für wichtig, dass der Träger die Leitplanken der Leitungstätigkeit klar definiert, denn diese müsse wissen, was sie entscheiden darf und was nicht. Bleiben die Bedingungen der Tätigkeit unklar, fehlt der Leitung jede Orientierung. Wenn die Zusammenarbeit mit dem Träger aber gut verläuft, kann die Leitung viel bewirken und eine gute Balance bei unterschiedlichen Interessen finden. Sie sollte sich nicht wegducken, wenn es auf Führung ankommt, und in ihrer Rolle von ihren Vorgesetzten unterstützt werden (vgl. Mannhard 2020d, S. 93–103).
Der Supervisor Wolfgang Hein benennt aus seiner langjährigen Tätigkeit mit pädagogischen Fachkräften und Leitungen die Aspekte eines guten Arbeitgebers: „Der Arbeitgeber sollte der Führungskraft Vertrauen entgegenbringen und einen kompetenten Ansprechpartner zur Verfügung stellen. […] Die Füh-

rungskraft muss unbedingt bei arbeitsrechtlichen Problemen mit Mitarbeitenden unterstützt werden, da sie sonst keine gute Teamarbeit bewirken kann" (Mannhard 2020 d, S. 105).

Literatur-Tipp

Mannhard, Anja: Kitas im Wandel. Anforderungen an die Triade Träger, Fachberatung und Einrichtungsleitung. In: Göb, Melanie (Hrsg.) (3/2020): Zukunfts-Handbuch Kindertageseinrichtungen. Walhalla, Seite 57–67.

3.8 Fall 8: Gewappnet für ökologische Herausforderungen

Nachhaltige Kitas vermitteln den Kindern einen achtsamen und wertschätzenden Umgang mit den Ressourcen der Erde – Luft, Wasser, Ackerboden, Gas, Öl, Menschen, Pflanzen und Tiere. Verbrauchen wir mehr, als die Erde von sich aus produzieren kann, müssen wir für diese Verschwendung einen Preis zahlen. Schon Kinder können einen bewussten und sparsamen Umgang mit den Ressourcen erlernen, um zum Klimaschutz beizutragen. Sie sollten über den Klimawandel und die daraus resultierende Krise informiert werden. Das benötigt aufgeklärte Erwachsene, die das Thema bereits für die Kita als wichtig ansehen.

Klimawandel weltweit

Das Klima wird immer wärmer, gleichzeitig gibt es immer größere Unwetter durch Starkregen und Schnee. Dass unser Wetter mit Sonne, Regen, Gewitter und Wind zu tun hat, weiß jedes Kind. Dass das Klima von langfristig wirkenden Faktoren bestimmt wird und es in verschiedenen Regionen unterschiedliche Elemente gibt, die aufeinander einwirken, ist Kindern schon etwas weniger bewusst. So wird unser Wetter von den vier Jahreszeiten Frühling, Sommer, Herbst und Winter bestimmt, das in Indonesien jedoch durch Regen- und Trockenzeiten strukturiert, was ein anderes Klima ausmacht.

Im Hinblick auf die Erderwärmung macht es einen Unterschied, in welchem Winkel die Sonne auf die Erde trifft. Je steiler, umso wärmer ist es in dieser Gegend. So ist es in den Tropen besonders heiß, während wir in Europa durch die verschiedenen Jahreszeiten (noch) wechselnde Temperaturen haben. Auch die Nähe zum Wasser spielt eine Rolle. Ein Meer übermittelt Wärme, deshalb ist es in einer solchen Region oftmals wärmer.
Auch wir Menschen beeinflussen die Erde, weil wir Energie, z. B. zur Nahrungszubereitung, zum Heizen, zum Nutzen unserer Fahr- und Flugzeuge und technischen Geräte im Haushalt, verbrauchen und damit die Erde aufheizen. Für das Gebäude einer Kita können die Erderwärmung und Unwetter zunehmend ein Problem darstellen. Aufgrund immer größerer Nutzung bis zur Verschwendung und Ausbeutung kann man heute sagen, dass vor allem der Mensch für die Klimakrise verantwortlich ist.

Beispiel

In einem evangelischen Familienzentrum lassen sich die oberen Gruppenräume im Sommer nicht mehr nutzen. Das Gebäude verfügt nicht über eine wärmeregulierende Dämmung des Daches und über keinen ausreichenden Sonnenschutz an den Fenstern. Die Zimmer heizen derart auf, dass die Kinder und Erwachsenen mit roten Gesichtern im Raum sitzen, obwohl am frühen Morgen immer gut gelüftet wurde. Das Bekleben der Fenster mit einer Schutzfolie erbringt keine wirkliche Verbesserung, wohl weil die Wärme vor allem über das Dach eindringt.

Interventionsprinzip „Umweltmanagement"

Es wird in diesem Fall schnell deutlich, dass die Leitung das Problem nur mit dem Träger zusammen lösen kann, da in bauliche Maßnahmen investiert werden muss. Zusätzlich ist ihre Planungs- und Organisationskompetenz gefragt, denn bis zu deren Umsetzung muss der Betrieb weitergehen, und es muss kurzfristig Abhilfe geschaffen werden.

Da es wegen der Hitze Beschwerden von den Teammitgliedern und Eltern gab, ist auch ihre Kommunikations- und Verhandlungskompetenz gefragt, um nach überbrückenden Lösungsmöglichkeiten zu suchen. Nachdem zu besonders heißen Zeiten bereits durch eine Zusammenlegung von Gruppen in die unteren Räume ausgewichen wurde, könnten solche zeitnah erreichbaren Lösungen folgendermaßen aussehen:

1. Innendämmung des Dachgeschosses mit Hanfmatten und Rigips
2. Crowdfunding für das Material
3. Handwerklich begabte Teammitglieder und Eltern für die Arbeiten gewinnen

Strategisch ist die Kommunikation nach innen und außen wichtig, bei der die Problembeschreibung prägnant und nachvollziehbar dargelegt wird. Die Argumente beziehen sich auf den Gesundheitsschutz von Kindern und Teammitgliedern sowie bei Letzteren auch auf den Arbeitsschutz. Es können miteinander kurz- und längerfristige Ziele und deren Umsetzung erörtert und geplant werden.

Tipp

Evangelische Kirchengemeinden können sich mit dem „Grünen Gockel" zertifizieren lassen, wenn sie nachweisen, dass sie systematisch, nachvollziehbar und kontinuierlich Anpassungen an neuere Umweltleitlinien vornehmen. Das können beispielsweise Einsparungen an Wärmeenergie und weitere Verbesserungsmaßnahmen sein.

Dem liegt eine Verordnung zur freiwilligen Beteiligung von Organisationen zugrunde, die an die spezifischen Bedarfe von Einrichtungen angepasst und z. B. in Baden von kirchlichen Umweltgutachter/-innen begleitet und überprüft werden. So kann aus einer aktuellen Erfordernis von Veränderung wegen baulicher Mängel ein übergeordnetes Ziel für Sanierungsmaßnahmen für den Träger und die Kita entstehen, indem Klimaziele zur Verbesserung der Umweltbilanz formuliert und erreicht werden. Es wird damit nicht nur investiert – im Hinblick auf das Fallbeispiel in entsprechende Materialien am Bau bzw. ein Dach zur effizienten Wärmeregulierung –, sondern es können dabei für die Zukunft Einsparungspotenziale erkannt und Verhaltensänderungen ermöglicht wie sinnvolle Investitionen geplant werden. Für nicht evangelische Einrichtungen gibt es andere Zertifikate, die solche Veränderungen als Leitlinie übergeordnet überstehen könnten.

Literatur-Tipp:

Wagner, Yvonne (2021): Mit Kita-Kindern die Erde schützen.
Praxisangebote für mehr Nachhaltigkeit in der Kita. Verlag an der Ruhr.

4 Veränderungen aktiv gestalten

Leben verweben
Für alles gibt es
die richtige Zeit.
Kreise beenden
und öffnen sich.
Leben verweben.
Anja Mannhard

Alles hat seine Zeit, und die Natur macht es uns vor: Nichts bleibt, wie es ist, alles ist vergänglich und wird in anderer oder neuer Form wiedergeboren. So können auch die (produktiven) Veränderungen durch eine Krise für die berufliche und persönliche Entwicklung genutzt werden. Wenn wir in den Wald gehen oder in einem See schwimmen, tun wir das nicht, um Erfolg zu haben. Wir mögen diese Orte, weil wir in Resonanz mit ihnen in unser Inneres blicken und unser entspanntes und authentisches Sosein spüren. Wer zum Grübeln neigt, tut gut daran, stattdessen spazieren zu gehen, draußen zu tanzen oder zu malen, an der frischen Luft zu meditieren und sich dabei vom Wind andere Gedanken in den Kopf pusten zu lassen und noch vieles mehr, was die Natur uns anbietet.

Wir können draußen zu großer Klarheit kommen und wahrnehmen, was uns wirklich wichtig ist. Wenn wir in einem Problem feststecken, einfach ein paar Schritte gehen! Fast wie von alleine kommt die Lösung, was wir tun und was wir lieber lassen sollten. Manchmal reicht ein kurzer Spaziergang, manchmal braucht es eine längere Wanderung. Die Natur lehrt uns, was wir wirklich brauchen. Ihrer natürlichen Ordnung von Werden und Vergehen zu folgen und den Lauf der Dinge ein großes Stück weit zuzulassen, ermöglicht uns eine engagierte – und nicht schläfrige – Gelassenheit.

Veränderungen aus der Krise

Ein lebendiges Arbeitsleben bedeutet Veränderungen, und manchmal muss diesen eine Krise vorausgehen, da anderenfalls alles im alten Trott weiterlaufen würde. Die Krise zwingt uns dann, etwas Altes, nicht mehr Produktives loszulassen und uns auf etwas Neues einzulassen. Vertraute Gewohnheiten und Konstellationen müssen überprüft und, wenn erforderlich, verändert werden.

Ein chinesisches Sprichwort sagt, dass unter dem Wind des Wandels die einen Mauern und die anderen Windmühlen bauen. Wer kann diese Windenergie wohl mehr nutzen? Das Alte Testament kennt den Ausspruch Salomons, dass jegliches seine Zeit und jedes Vorhaben seine Stunde hat. Damit wird nicht nur die Vergänglichkeit der Dinge ausgedrückt, sondern auch, dass danach ein neuer Zyklus beginnt.

Die großen Phasen eines Veränderungszyklus:

- **Geburt:** Mit großer Energie kommt etwas Neues ins (Arbeits-)Leben.
- **Stabilisierung:** Das Neue sucht und findet seinen Weg.
- **Ende:** Das Gewordene kommt zu seinem Ende.
- **Auszeit:** Nicht nur Künstler/-innen kennen die Bedeutung einer „schöpferischen Pause". Zwischen dem Ende eines Projekts und der Geburt eines neuen Vorhabens brauchen Körper, Seele und Geist eine Pause, um sich zu besinnen und neue Kraft zu schöpfen.

„Bevor sich eine Lebenssituation aus dem stabilen Gleichgewicht herausbewegt und in die Abschlussphase mündet, entsteht oft eine emotionsgeladene Zeit, in der es vorübergehend zu erheblichen inneren Spannungen kommen kann. Sie treten vor allem in Situationen auf, in denen man zunächst alles auf Langfristigkeit angelegt hatte und dann eines Tages merkt: Ich werde unruhig. Es muss sich etwas verändern! So geht es nicht weiter! [...] Nach einer Zeit der Beständigkeit entwickeln sich Zweifel und eine zunehmende Unzufriedenheit mit der bestehenden Konstellation. [...] Wo bisher kein ernsthafter

Vorbehalt an der Gültigkeit der Dinge war, schaut man auf einmal mit kritischem Blick auf das eigene Leben und beginnt, konstante und vertraute Abläufe in Frage zu stellen: Die satte Fülle hat sich überlebt, und man verspürt den Drang nach erneuter Veränderung" (Osterloh 2017, S. 50–51).

Veränderungen verunsichern

Selbst wenn Veränderungen von uns gewollt sind, werden wir uns nicht nur begeistert auf das Neue stürzen, denn wir vermuten instinktiv auch Gefahren. Das lässt sich gar nicht vermeiden, da wir Menschen biologisch programmiert sind, uns betreffend gegen unbekannte Situationen abzusichern und mögliche Gefahren auszuschalten. In solchen Zeiten ist es möglich, dass wir neben der Vorfreude auch unangenehme Gefühle der Reizbarkeit, fehlenden Konzentration, Unsicherheit oder auch Aggression erleben. Wer sich dieser emotionalen Wechselbäder bewusst ist und sie als natürlich annehmen kann, kann sie leichter steuern und sogar produktiv für sich nutzen.

Übung: Schöpferische Pause

Sie und das Team können die Übung zunächst für sich allein gestalten und, wenn gewünscht, sich im Anschluss daran zu den Notizen zu folgenden Fragen austauschen:

1. Welche Menschen, Tiere, Dinge oder Orte trösten mich, wenn ich mich angestrengt und angespannt fühle?
2. Mit welchem Tun entspanne oder aktiviere ich mich im positiven Sinne?
3. Woran erkenne ich, dass es mir besser geht?
4. Welches Leitbild oder Motto entwickle ich in der schöpferischen Pause für meine (nächste) Zukunft in diesem Team?

Es könnte ein natürlicher Zustand des Menschen sein, dass dieser sich gleichzeitig nach Veränderung und Neuem sehnt, andererseits aber am Gewohnten festhält und will, dass alles bleibt, wie es ist. Diese polaren Ziele können inne-

re und äußere Spannungen bei den Teammitgliedern verursachen, sodass Zeiten des Umbruchs oder eine Krise besonders konfliktgeladen sind.
Die Übergangsphasen von Loslassen des Alten und dem Zugewinn des Neuen sollten bewusst und achtsam gestaltet werden, um nicht durch vorschnelle Handlungen oder gar unreflektierte Impulse nicht ausgereifte Prozesse umzusetzen oder diese vor einem guten Ergebnis abzubrechen. „Die innere Spannung müssen wir also eine Zeit lang aushalten, bis der Entschluss zum Handeln gereift ist und auf festem Boden steht" (Osterloh 2017, S. 52).
Die innere Spannung auszuhalten, gelingt mit guter Selbstfürsorge, indem die Leitung und Teammitglieder in solchen Zeiten bewusst Dinge tun, die alle zeitweise entlasten, entspannen und nicht zuletzt hier und da zum Lachen bringen. Denn eines sollte man nie in einer Krise verlieren: den Humor!
Tineke Osterloh stellt eine Verbindung zwischen Festhalten und Loslassen her. Beim Festhalten identifizieren wir uns mit etwas, z. B. mit unserem Job oder unserer Wohnung. Nach Osterloh sind diese Dinge zu einem Aspekt unseres Ich-Gefühls geworden. Doch können wir wirklich an etwas festhalten? Die Idee des Festhaltens entsteht vor allem dann, wenn wir etwas als unseres betrachten und damit nicht loslassen wollen, meint Osterloh. Aber: Unser Ich-Gefühl unterliegt einer Wandlung. Deshalb haben wir keinen Vorteil davon, wenn wir glauben, gewisse Erfahrungen oder Konstellationen müssten dauerhaft sein (vgl. Osterloh 2017, S. 55).

Tipp

Die Leitung und Teammitglieder können miteinander ins Gespräch gehen, wo Festhalten behindert und wichtige Veränderungen blockiert. Und sie können sich der Frage stellen, was sie gewinnen, wenn sie sich auf wieder neue Aspekte oder Rahmenbedingungen ihrer Tätigkeit einlassen und sich mit ihnen neu verbinden.

Übung: Selbst- und Teamreflexion

Die Leitung und das Team können sich auf anstehende Veränderungen vorbereiten und zunächst für sich selbst die folgenden Fragen beantworten, zu denen sie sich danach im Team austauschen:

- Was steht konkret an Veränderung an?
- Worauf können wir uns vorbereiten?
- Welche inneren und äußeren Helfer können wir mit ins Boot nehmen?
- Welche einschränkenden Denk- oder Verhaltensweisen sollten wir aufgeben oder verändern, um die Herausforderungen in positiver Weise anzugehen?
- Was hat uns bislang bei Veränderungen geholfen, was war erfolgreich?
- Was hat uns eher geschwächt oder sogar geschadet?

4.1 Change – Chance

Von der Leitung werden bei Veränderungen Change-Management-Kompetenzen erwartet. Solche Fähigkeiten sollten auch auf der ihr überstellten Führungsebene vorhanden sein, um die Leitung mit ihrem Team gut zu unterstützen. Im Kern bedeuten diese, die Ziele und Strategien an veränderte Bedingungen anzupassen und neu abzustimmen. Dabei wird überlegt, was an Bisherigem auch in der Zukunft Bestand haben und was verworfen oder neu aufgenommen werden soll.

Fehlt die Flexibilität solcher Anpassungen auf der Träger- und/oder Leitungsebene, stagniert das Team nicht nur, es könnte sogar zu Schaden kommen, z. B. durch größere Verluste in der Qualität der Tätigkeit und in den Arbeitsbeziehungen. Um solche Anpassungen und veränderten Ziele und Strategien vorzunehmen, braucht es die in diesem Buch auch an anderen Stellen betonte Zeit, denn all das lässt sich nicht im Hauruckverfahren um- und durchsetzen.

Die Psychotherapeutin Bärbel Wardetzki benennt die Phasen einer Veränderung:

- „Alter Status quo
- Ereignis
- Widerstand
- Chaos
- Tiefpunkt
- Lösungsorientierte Idee
- Integration
- Zeit
- Neuer Status quo“ (Wardetzki 2019, S. 143)

Aktive Gestaltung der Veränderung im Team

Kindertagesstätten haben sich die letzten Jahre und Jahrzehnte kontinuierlich und immer schneller gewandelt. Es gibt heute eine vielfältige Träger- und Einrichtungslandschaft mit multiprofessionellen Konzepten und Angeboten. Dennoch leiden alle unter einem eklatanten Fachkräftemangel an der Basis, während freie Leitungsstellen meistens zeitnah wiederbesetzt werden können. Moderne Träger erarbeiten mit ihren Leitungen neue Konzepte, mit denen sie verstärkt in die Personalgewinnung, Ausbildung zur Nachwuchsförderung und in die Qualitätsentwicklung investieren.

Neben der Flexibilität im Hinblick auf veränderte Ziele und Strategien, die die Leitung in einem Change-Management-Prozess an Führungskompetenzen mitbringen oder erwerben sollte, ist es ihre persönliche Haltung, die darüber entscheidet, ob die Teammitglieder motiviert sind, mit ihr gemeinsam die Veränderungen nicht nur durchzustehen, sondern aktiv und kreativ zu gestalten. Sie kann helfen, eine durch die Veränderungen zunächst ausgelöste Krise nicht nur negativ zu sehen, sondern sich mit dem Team auf Spurensuche nach positiven (Neben-)Effekten und Optionen zu machen; denn wenn man nur einen Buchstaben – das g – in „Change“ verändert, wird daraus: die „Chance“.

Übung: Denkwerkstatt „Chancen entdecken"

Sie moderieren eine Kartenabfrage zu den nachstehenden Denkanregungen, die die Mitglieder je nach Größe des Teams einzeln oder in Kleingruppen beantworten. Zu jedem Denkimpuls gibt es Karten in verschiedenen, dazu passenden Farben, sodass die Teammitglieder darauf ihre Ideen und Antworten zu den Fragen notieren. Diese werden nach der Gruppenarbeit gemeinsam ausgetauscht und zur Visualisierung auf einer Moderationswand befestigt.

- Wo sind wir gleichgültig oder schläfrig geworden und werden nun aufgeweckt?
- Wie können wir unsere Grenzen erweitern, da die Krise uns aufzeigt, dass diese noch nicht erreicht sind?
- Wie werden wir uns fühlen, wenn wir die Krise erfolgreich gemeistert haben?
- Was ist das Gute an dieser Krise?
- Wie können wir unsere Kommunikation miteinander verbessern?
- Welchen Sinn könnte diese Krise haben?
- Wie gelingt unser persönliches und gemeinsames Wachstum durch die Krise, welche Ressourcen und Fähigkeiten können wir stärken oder entwickeln?
- Können wir durch diese Krise mit Altlasten endlich aufräumen und wirklich neu miteinander weitermachen?
- Wenn wir den Punkt am Ende der Krisenbearbeitung sehen, bei dem wir ankommen werden, wo stehen wir dann im Vergleich zu unserem Ausgangspunkt? Oder anders gefragt: Was ist der Gewinn dieser Krise, wenn wir uns der Bearbeitung und Bewältigung aktiv und zuversichtlich stellen?

Tipp

Die Leitung nimmt in der Krisenbearbeitung eine Schlüsselfunktion ein. Dazu benötigt sie die Fähigkeit der kritischen – nicht überkritischen – Selbstreflexion im Hinblick auf ihre mentalen, emotionalen, strategischen und organisatorischen (Handlungs-)Kompetenzen.
Inhalte der kritischen Selbstreflexion können die Offenheit sein, Neues zu lernen, auch wenn das etwas Altes über Bord wirft. Die Leitung muss sich um ihre Wissenserweiterung kümmern und überprüfen, was sich an altem Wissen bewährt hat und was sie sich neu aneignen muss, um Schritt zu halten. Und sie sollte überprüfen, ob sie weitere Informationen benötigt, um die nächsten Schritte im Hinblick auf ihr Führungsmandat zu planen und durchzuführen.

Locker lassen

Die Leitung und das Team sollten sich in die Krisenbearbeitung aber auch nicht verbeißen. Es ist richtig und wichtig, sich den Dingen zu stellen und einen produktiven Umgang mit ihnen zu finden.
Es ist jedoch wenig hilfreich und sinnvoll, sich von der Krise gefangen nehmen zu lassen. Manchmal bekommen wir das Beste in unserem (Arbeits-)Leben weder durch übergroße Anstrengung noch durch Kampf, sondern quasi umsonst. Nach Erling Kagge sind es die kleinen Ereignisse – Wunder – die jeden Tag geschehen (können). Wir sollten damit rechnen, dass hinter dem Horizont alles passieren kann. Er regt zum Nachdenken an: „Ich laufe vor meinen Problemen davon. Nicht allen, aber so vielen wie möglich. Machen wir das nicht alle so? Manche Probleme lösen sich auf, wenn ich gehe. Im Laufe einer Stunde oder nach ein paar Tagen. Vielleicht waren sie nicht so groß und wichtig, wie ich dachte? Ja, so ist es oft. Häufig erweist sich etwas, das ich als Problem ansehe und das mich beunruhigt, als nicht so groß und wichtig, wenn man eine gewisse Distanz dazu bekommt. […] Die meisten Menschen in meinem Bekanntenkreis, die große persönliche Probleme mit sich herumschlep-

pen, gehen nicht. Vielleicht kenne ich die falschen Leute, ich weiß es nicht. Selbstverständlich stehen einige meiner Bekannten so großen Herausforderungen gegenüber, dass sie ihnen nicht entgehen können, aber ich glaube, den meisten täte es gut, wenn sie sich regelmäßig aufrappeln und die Endorphine spüren würden, wenn der Stress nachlässt und die Sorgen auf Distanz gehalten werden" (Kagge 2020, S. 97–98).

Übung: Schatzkiste der Selbstbestärkung

Der kritischen Selbstreflexion steht die Selbstfürsorge gegenüber, sodass Sie sich in der Krisenbearbeitung nicht (persönlich) aufreiben, sondern mit Ihren Ressourcen gut haushalten, bis die Krise erfolgreich bewältigt ist. Dazu sollten Sie Ihre Ressourcen gut kennen, um sie dann abzurufen oder zu pflegen, wenn Sie sie brauchen.

Nehmen Sie sich ein Papier und farbige Stifte und malen eine große Schatzkiste auf. In diese malen oder schreiben Sie wichtige Symbole oder Begriffe zu den folgenden Impulsfragen:

- Worin bin ich richtig gut?
- Was tut mir gut?
- Was verleiht mir Flügel?
- Wodurch erlebe ich Sinn in meinem (Arbeits-)Leben?
- Was erfüllt mich mit Zufriedenheit, Stolz, Freude?
- Was gibt mir Kraft?
- Was hilft mir gegen Angst?
- Was motiviert mich?

Mutige Wege aus der Krise

Neue Wege brauchen Mut, weshalb eine zuversichtliche und mutige Grundhaltung einer Leitung vielleicht die wichtigste Kompetenz in einer Krise ist. „Unsere Angst vor dem Scheitern kann die besten Ideen durchkreuzen. Viele Menschen, die etwas in ihrem Leben verändern möchten oder müssen, zögern, mutig den ersten Schritt zu machen und die Risiken einzugehen, die Veränderungen nun einmal mit sich bringen. [...] Es stimmt, Fehler können sich einschleichen. Denn wenn man Neuland betritt, ist das immer eine Rechnung mit vielen Unbekannten, und Fehleinschätzungen sind dabei nicht ausgeschlossen. [...] Doch sollte man deswegen die Finger davon lassen, sein Leben zu gestalten?“ (Osterloh 2017, S. 93).

Es gibt ja immer etwas zu überwinden, wenn man mutig ist, oder anders ausgedrückt: Es gibt keinen Mut ohne Angst. Mit einem motivierenden Ziel, Entschlossenheit und Pragmatik lässt es sich mutig sein. Der mutige Weg stellt einen nun mal vor Herausforderungen, aber wie es Tineke Osterloh andeutet, können wir mit Bequemlichkeit und stetem Zaudern und Zögern kaum selbstwirksam unser (Arbeits-)Leben (mit-)gestalten. So oder so gewinnt der/die Mutige an Erfahrungen und an Stärke durch Herausforderungen, die er/sie gemeistert hat.

„Um seinen Mut zu kultivieren, helfen die folgenden Einstellungen:

- Ungewissheit öffnet neue Türen.
- Verlust kann Wachstum bewirken.
- Alles hat seinen Sinn.
- Ich bin geschützt und mit anderen verbunden“ (Mannhard 2020a, S. 71).

Tipp

Fragen Sie einmal fünf Personen nach deren Mutmach-Tricks! Und dann überlegen Sie, welche Tricks Sie selbst auf Lager haben.

Und: Wer hat Sie in Ihrer Kindheit wegen seines Mutes beeindruckt? Welche Eigenschaften dieses Menschen trauen Sie sich auch zu? (vgl. Mannhard 2018c, S. 30–31).

Der Zauber des Anfangs

Dass jedem Anfang ein Zauber innewohnt, meint Hermann Hesse in seinem Gedicht „Stufen". Zu diesem Zauber führt die Zwischenphase in der Krisenbearbeitung vor ihrer Bewältigung, in der sich die Seele sortiert. Wir bekommen immer mehr Abstand zu den Dingen, die die Krise ausgelöst haben, wir gehen auf neue oder veränderte Wege, beruhigen uns und kommen wieder (mehr) zu uns. Wir orientieren und motivieren uns neu. Wir sehen, was wir endgültig loslassen müssen, sodass sich neue Gestaltungs- und Entwicklungsmöglichkeiten ergeben. Wir setzen neue oder andere Prioritäten. „Nicht zuletzt dienen die Zwischenzeiten auch dazu, eine ganz wichtige Frage zu beantworten […]: Was können wir tatsächlich ändern, und was müssen wir als unveränderlich hinnehmen?" (Osterloh 2017, S. 81). Bei veränderlichen Dingen krempeln wir die Ärmel hoch und los geht's. Und mit den unveränderlichen müssen wir unseren Frieden finden, um an ihnen nicht zugrunde zu gehen. Zudem sollten wir unsere Denkgewohnheiten überprüfen und Irrtümer ausräumen, um uns das Weitergehen nicht zu schwer zu machen (vgl. Kapitel 2, S. 28).

Auch die Leitung kann auf manches keinen Einfluss nehmen. Sich das einzugestehen, ist nicht mit Resignation oder fehlender Selbstwirksamkeit zu verwechseln oder etwa mit fehlender Führungskompetenz. Es ist das Realisieren und Eingestehen eines tatsächlichen Umstandes. Das befreit und entlastet von einem sinnlosen und aufreibenden Ankämpfen gegen manche Dinge oder Menschen, die sind, wie sie sind. Sich gemeinsam mit dem Team für machbare Veränderungen einzusetzen und stark zu machen, bringt die Teamarbeit voran. Das Neue zu begrüßen und ihm Zeit für die Entwicklung zu geben, richtet alle auf einen (neuen) motivierenden Horizont aus.

5 Bruchstellen in Stärke verwandeln

Gebet im See
In der Abendstille
den See durchpflügen.
Und danken
für den Tag.
Den Strahl der Abendsonne
funkelnd im Wasser eingefangen.
Welcher Schatz lässt sich
hier bergen?
Anja Mannhard

Trotz oder gerade in einer Krise achtsam zu arbeiten, bietet eine Möglichkeit, Spannungen abzubauen und Gelassenheit auch unter widrigen Umständen zu gewinnen. Achtsamkeit hilft auch, die Freude an der Arbeit (in der Krise) nicht zu verlieren. Wie gelingt achtsames Arbeiten? „Achtsamkeit ist weniger eine Methode als eine innere Haltung, die sich Schritt für Schritt entfaltet und die es uns erlaubt, ganz präsent im Hier und Jetzt zu sein. […] Achtsamkeit kann helfen, all die Dinge, die täglich zu tun sind, auf eine Weise zu tun, die vielleicht ein bisschen besser ist als bisher: entspannter, freier, mehr verbunden mit sich selbst und mit dem Leben“ (Mayer 2020, S. 5).
Achtsamkeit ist kein Allheilmittel, wie es die Flut an Publikationen dazu vermuten lassen könnte. Die Psychotherapeutin Irmtraud Tarr sieht den Begriff und seine Verwendung kritisch und erklärt weshalb: „Vor allem, wenn die Achtsamkeit bis in die Chefetage vorgerückt ist. Hier wird die Achtsamkeit dafür benutzt, um in der Mittagspause Yoga zu machen und abends jemanden in die Pfanne zu hauen. Ich wehre mich dagegen, dass man einen Begriff derart überstrapaziert und undifferenziert für alles einsetzt. Manchmal fällt auf, dass Achtsamkeit von Menschen ‚verschrieben‘ wird, die selbst unter großem

Stress leben“ (Tarr in Mannhard 2020d, S. 113). Achtsamkeit als Haltung ermöglicht jedoch, dem (Arbeits-)Leben mit einer Offenheit zu begegnen und sich auch oder gerade in einer Krise dessen bewusst zu sein, was um einen herum geschieht.

Wir verbringen einen großen Teil unseres Tages in Gedanken, und in einer Krise aktivieren wir manchmal besonders ungünstige (unbewusste) Muster:

- Automatisch reagieren und funktionieren
- In Gedanken verstrickt sein
- Grübeleien nachhängen
- Ärger oder Bedauern über Vergangenes
- Druck und Spannungen
- Alles unter Kontrolle bringen wollen (vgl. Mayer 2020, S. 17)

Wie der Mut ist Achtsamkeit ein Muskel, der sich trainieren lässt. Mit Achtsamkeit können wir unsere Gedanken bewusst steuern und sind ihnen nicht hilflos ausgeliefert (vgl. Kapitel 2, S. 28). Laut einer Studie der Psychologen Killingworth und Gilbert hängt unser Wohlbefinden weniger von dem ab, was wir tun, sondern wie aufmerksam wir uns dem widmen. Wer bei der Sache ist, fühlt sich besser als der, der abgelenkt ist (vgl. Mayer 2020, S. 33).

Tipp

In achtsamkeitsbasierten Ansätzen wird betont, dass Achtsamkeit bedeutet, dass wir etwas, das wir bislang nicht als besonders erlebt haben, neu sehen. „Haben Sie im Moment gerade Zahnschmerzen? Vermutlich nicht. Und ich nehme an, diese Tatsache ist Ihnen bislang auch kaum aufgefallen. Doch stellen Sie sich einmal vor, Sie hätten Zahnschmerzen. Wäre dann keine Zahnschmerzen zu haben nicht Ihr sehnlicher Wunsch? Endlich schmerzfrei zu sein, endlich dieses schreckliche Pochen und Stechen loszuwerden? Und in diesem wunderbaren Zustand befinden Sie sich schon die ganze Zeit“ (Mayer 2020, S. 35).

Übung: Kleine Pause zum Innehalten

Ein Krisengeschehen führt meist zu Spannungen bei sich selbst und im Team, und um sich davon nicht einnehmen zu lassen, können Sie sich bewusst (innerlich) distanzieren. Diese Übung ermöglicht, aus der aktuellen Situation einmal herauszutreten und wieder offen, kreativ und flexibel zu denken. Sie benötigen drei Blatt Papier sowie einen Stift und denken nun an die Situation, die Sie belastet.

- Schreiben Sie auf das erste Blatt: Standpunkt 1 ICH
- Schreiben Sie auf das zweite Blatt: Standpunkt 2 SITUATION
- Schreiben Sie auf das dritte Blatt: Standpunkt 3 BEOBACHTUNG

Legen Sie die drei Blätter auf dem Boden aus, indem Sie Standpunkt 2 (SITUATION) Standpunkt 1 (ICH) gegenüberlegen und Standpunkt 3 (BEOBACHTUNG) an die Seite, die für Sie am passendsten erscheint.
Nun stellen Sie sich auf Standpunkt 1 (ICH). Betrachten Sie den Standpunkt 2 (SITUATION) und nehmen Ihre Gedanken, Gefühle und Körperempfindungen bewusst wahr.
Dann nehmen Sie Abstand zum Standpunkt 1 (ICH) ein. Stellen Sie sich jetzt auf Standpunkt 2 (SITUATION) und betrachten Standpunkt 1 (ICH). Nehmen Sie Ihre Gedanken, Gefühle und Körperempfindungen bewusst wahr.
Dann nehmen Sie Abstand zum Standpunkt 2 (SITUATION) ein. Stellen Sie sich jetzt auf Standpunkt 3 (BEOBACHTUNG) und beobachten Standpunkt 1 (ICH) und 2 (SITUATION). In der Rolle der Beobachtung können Sie gezielt die Metaebene verschiedener Perspektiven, Einsichten und Hilfestellungen einnehmen.
Zum Abschluss der Übung stellen Sie sich nochmals auf Standpunkt 1 (ICH) und nehmen wahr, welche Unterschiede es im Vergleich zum Beginn der Aufstellung in Ihren Gedanken, Gefühlen und Körperempfindungen gibt.

Literatur-Tipp

Bewusste Pausen zum Innehalten sind in einer Krise wichtig, um sich nicht von ihr überfluten zu lassen. Ein kleines, in jede Handtasche oder Schreibtischschublade passendes Büchlein mit wertvollen Übungen ist „Das kleine Buch vom Innehalten" von Danielle Marchant (Heyne Verlag, 2019).

5.1 Kintsugi – Goldverbindung

In Krisen können die Leitung und das Team die eine oder andere Verletzung davontragen. Das Miteinander hat Risse bekommen, vielleicht ist sogar etwas zu Bruch gegangen. Jetzt nicht alles wegzuwerfen, was brüchig geworden ist, sondern es neu zusammenzusetzen und zu reparieren, es am Ende sogar zu veredeln, könnte (neue) Ressourcen und Stärken für die Teamarbeit wecken und entwickeln. In Japan gibt es die Handwerkskunst „Kintsugi", bei der lieb gewonnene, zerbrochene Stücke aus Porzellan oder Keramik auf besondere Weise repariert werden. „Kin heißt ‚Gold' und sugi ‚verbinden', Kintsugi lässt sich also mit ‚Goldverbindung' übersetzen" (Frank 2019, S. 10).

Bruchstellen betonen, statt zu kaschieren

Der Prozess benötigt Zeit, Geduld, Genauigkeit und Achtsamkeit. Am Beispiel einer zerbrochenen Teeschale heißt das, dass ihre Scherben zusammengesetzt und geklebt werden, die Schale dann ruhen muss, sie wiederhergestellt und am Ende vergoldet wird. Es geht nicht darum, die Teeschale einfach nur wieder zusammenzukleben oder die Bruchstellen zu kaschieren, im Gegenteil werden diese durch die Vergoldung betont und hervorgehoben. Dadurch drückt sich aus, dass dieser Gegenstand für die besitzende Person so wertvoll war, dass sie ihn aufwendig reparieren ließ, ihn aber in einer verwandelten Form neu annehmen möchte. „Das zerbrochene Stück ist durch den Schaden, den es genommen hat, nicht in seinem Wert gemindert, sondern ganz im Gegenteil noch wertvoller und schöner geworden. Es hat nun eine komplexe Schönheit, die die eigene Geschichte und den Schaden, den es genommen hat, nicht verhehlt, sondern nach einer triumphalen Transformation offen zur Schau stellt. Nach dem Bruch ist es absolut unverkennbar ein Unikat" (Frank 2019, S. 16).

„Ich war zwölf Jahre alt und zu Besuch bei meinen Großeltern […]. Ein halbes Jahr am Stück war ich dort […]. Beim Spielen in der Wohnung warf ich aus Versehen eine Vase um, von der ich wusste, dass meine Oma sie sehr, sehr mochte. […] Als die Scherben auf dem Boden lagen, konnte ich es nicht fassen. […] Aber es war nichts mehr zu machen. Die Vase war und blieb kaputt. […] Mit einem schlechten Gewissen, wie ich es selten in meinem Leben hatte, sammelte ich die Scherben auf. Ich ging damit zu meinem Opa […]. Ich war sicher, dass er jetzt ordentlich wütend werden würde. Aber er war es überhaupt nicht. […] Wir reparierten die Vase über Tage, ja sogar über Wochen hinweg mit einer besonderen Reparaturtechnik: Kintsugi. Was das Besondere daran war, konnte man am Ende sehen: Die Vase war nicht einfach nur wieder möglichst wie zuvor, sondern die Bruchlinien hatten wir vergoldet. Als ich die reparierte Vase meiner Oma zusammen mit einer von Herzen kommenden Entschuldigung überreichte, freute sie sich. […] Sie sagte, dass ihr Lieblingsstück jetzt noch mehr Charakter hatte als vorher" (Frank 2019, S. 5–6).

5.2 Kintsugi für die Teamarbeit

Es beginnt damit, dass in einer Krise etwas im sozialen Gefüge der Teamarbeit kaputtgeht. Die Leitung und die Teammitglieder schauen genau hin, was da zu Bruch gegangen ist. Sie verdrängen und ignorieren die Situation nicht, sondern stellen sich ihr. Es kommt ihnen nicht in den Sinn, die Bruchstücke ihrer Arbeit oder ihres Miteinanders einfach wegzuwerfen, da sie ahnen, dass diese wertvoll waren und auch in der Zukunft sein könnten. Und sie wissen, dass sie jetzt Geduld und Zeit brauchen, um sich auf den Prozess der Wiederherstellung einzulassen.

Wesentliches im Team neu zusammenfügen

Die Leitung und das Team beginnen, zu puzzeln:

- Welche Stücke unserer Arbeit gehören wohin?
- Welche passen zusammen und welche nicht (mehr)?
- Jetzt geht es an das Befestigen der zusammengesetzten Teile der Teamarbeit. Hier wird überlegt, welcher Kitt das Team früher zusammengehalten hat? Reicht dieser für heute und morgen aus, oder braucht es neue oder ergänzende Klebstoffe?
- Vielleicht gibt es Lücken beim Wiederaufbau des sozialen Gefüges, die unwiederbringlich verloren gegangen sind. Wodurch ließen sich diese ersetzen?
- Vielleicht muss die ein oder andere Kante etwas begradigt und abgeschliffen werden, sodass die Summe der Teile besser zu einem Ganzen verbunden werden kann?
- Schritt für Schritt nimmt das soziale Gefüge des Teams wieder Form an. Nach dem Aufbauprozess ist eine Ruhephase wichtig, sodass die Teile des Ganzen sich wirklich gut zusammenfügen können und nicht bei der kleinsten Anforderung wieder zersplittern.

- Vielleicht müssen noch ein paar kleinere Korrekturen vorgenommen werden?
- Vielleicht muss eine zweite „Klebeschicht" aufgetragen werden, damit das Ganze noch stabiler wird?
- Sind sich alle einig, dass der Prozess zu seinem krönenden Abschluss gelangen kann, dann kommt die Kür: die Veredelung. Was kann es sein, das das Team miteinander in neuem Glanz erstrahlen lässt?

Übung: Scherben (neu) zusammensetzen

Diese Übung kann einzeln oder im Team gemacht werden, sie bringt aber im Team mehr, da mehr Köpfe mehr (verschiedene) Ideen entwerfen können. Es wird ein großes Blatt Papier und Stifte in verschiedenen Farben benötigt.

Ausgehend von den in diesem Kapitel eingangs formulierten Gedanken zu „Kintsugi für die Teamarbeit", einigen Sie sich auf einen Begriff, der die aktuelle Situation besonders kennzeichnet, den Sie in die Mitte des Blattes schreiben. Um dieses Wort malen Sie einen Kreis. Jetzt lassen alle ihren Assoziationen zu diesem Begriff freien Lauf, indem sie das ganze Blatt vollschreiben und immer weitere Kreise malen. Wörter und Kreise, die in einem Kontext stehen, werden durch Linien miteinander verbunden (Methode Cluster/Mindmap).

In einem zweiten Schritt betrachten Sie das fertige Blatt gemeinsam und gehen auf die eingangs genannten Fragen gezielt ein:

1. Was ist zu Bruch gegangen oder hat sich (stark) verändert?
2. Welche Stücke unserer Arbeit gehören wohin?
3. Welche passen zusammen und welche nicht (mehr)?
4. Welcher Kitt hat das Team früher zusammengehalten?
5. Braucht es neue oder ergänzende Klebstoffe?
6. Gibt es Lücken beim Wiederaufbau, die unwiederbringlich verloren gegangen sind? Falls ja, wodurch ließen sich diese ersetzen?
7. Wenn Sie die Krise überwunden haben, was kann es sein, dass das Team miteinander in neuem Glanz erstrahlen lässt?

Mit Schäden umzugehen lernen

Was hat die Teamarbeit mit einem Gefäß gemeinsam? Sie kann Schaden nehmen. Sollen wir das einfach hinnehmen und es dabei belassen? Nein! „Kintsugi bietet eine bessere Antwort: Es lädt uns ein, den Schmerz, den Schaden und die Wunden als wertvolle Gelegenheiten anzusehen, zu wachsen und uns weiterzuentwickeln. […] Wir gehen als reifere, gewachsene Menschen aus jeder Krise hervor, kennen uns selbst immer besser und werden mehr und mehr wir selbst“ (Frank 2019, S. 17). Statt unvermeidbaren Veränderungen durch eine Krise aus dem Weg zu gehen oder vor ihnen zu flüchten, sollten die Leitung und das Team die Herausforderungen annehmen und das Wesentliche wie Wertvolle aus der (bisherigen) Zusammenarbeit (neu) zusammenfügen.

Wer sich der Aufgabe und den ihr innewohnenden Wachstumspotenzialen widmet, erhält die Chance, vielleicht mehr als vor der Krise mit sich selbst und mit dem Team im Einklang zu arbeiten und eigene wie gemeinsame Entscheidungen zu treffen, die für das Miteinander in besserer Übereinstimmung sind. „Wir müssen Geschehnisse, die uns widerfahren, verarbeiten und ebenso die Vorstellung, die wir uns davon machen. Wir können nicht die Augen verschließen vor dem, was passiert ist, und einfach so weiterleben, als sei nichts geschehen. Was geschehen ist, wird sich nicht in Luft auflösen, wir müssen es bewältigen und das Kapitel abschließen. Es wird immer existieren, ob wir es wollen oder nicht. Wenn wir jedoch fähig sind, die entstandene Wunde gut zu versorgen und ihr die richtige Bedeutung zu geben, können wir aus dem Geschehenen lernen, statt es permanent als etwas Traumatisches zu erleben“ (Navarro 2019, S. 64).

Nach vorn schauen

Es gibt fünf ungünstige Bewältigungsstile im Umgang mit Krisen, denen zufolge gegenteilige Verhaltensweisen günstig sind:

- **Resignation vs. Kampfgeist:** Gegen Widrigkeiten angehen, sich ihnen zu stellen und an ihnen zu wachsen, ist die bessere Wahl, als den Kopf in den Sand zu stecken.
- **Verleugnung vs. Realitätssinn:** Den Dingen ins Auge zu sehen und sie richtig einzuschätzen, ist die bessere Wahl, als sie naiv zu beurteilen oder kleinzureden.
- **Fatalismus vs. bewusstes Denken:** Rationales Denken unter Einbeziehen der Emotionen ist die bessere Wahl, als die Dinge nur mäßig einzuschätzen und gleichzeitig zu denken, auf sie keinerlei Einfluss zu haben.
- **Opferrolle vs. Aktivität:** Die eigenen Möglichkeiten in den Blick zu nehmen und anzupacken, ist die bessere Wahl, als sich rein als Opfer der Umstände zu sehen oder ganz vom Verhalten anderer abhängig zu machen.
- **Grübeleien vs. produktives Denken:** In Wahrscheinlichkeiten, Chancen und Lösungen zu denken, ist die bessere Wahl, als sich in angespannten Sorgen zu befinden und krampfhaft nach Sicherheiten zu suchen.

Veränderungen sind nicht einfach, aber unvermeidbar

„Wir dürfen nicht passiv bleiben und zulassen, dass die negativen Gefühle unser Leben und unsere Stimmung beherrschen und uns in ein kaltes, finsteres Loch hinabziehen. Um die negativen Gefühle, die unsere Aufmerksamkeit in Beschlag nehmen, zu überwinden, können und müssen wir uns selbst kennenlernen und begreifen, was uns widerfahren ist. Wo Sie stehen und was Sie erlebt und erlitten haben, ist wichtig; aber ebenso wichtig ist, wohin Sie gehen wollen“ (Navarro 2019, S. 96). Mit den Phasen von Kintsugi – Zerbrechen,

Zusammensetzen, Kleben, Ruhen, Veredeln –, auf die Teamarbeit übertragen, nimmt die Leitung mit dem Team die Zügel (wieder) in die Hand. Es geht darum, eine (weitere) gute Zusammenarbeit in den Griff zu bekommen und diese als Führungskraft gezielt zu steuern.

Wir dürfen uns hierbei Unterstützende suchen und müssen nicht alles allein machen! Um uns von den Lasten der Vergangenheit zu lösen und diese als Sprungbrett anzusehen, dass das Team miteinander noch stärker und produktiver geworden ist, sollten wir gezielt nach neuen Erlebnissen, Erfahrungen und positiven Emotionen suchen.

Veränderungen sind nicht einfach, aber durch und nach einer Krise unvermeidbar. Deshalb sollten wir sie mit Bedacht, Zuversicht und Geduld angehen. Die Teammitglieder können lernen, die Dinge nicht nur zu akzeptieren, sondern ihnen sogar eine neue Bedeutung zu geben, die Sinnhaftigkeit in der Zusammenarbeit vermittelt. Dies gelingt, indem sie frühere Erfahrungen überprüfen, kritische Ereignisse analysieren und potenzielle Lernerfahrungen aufspüren, die eigenen gedanklichen Verzerrungen auflösen, Fehler erkennen und nicht wiederholen sowie die (ursprüngliche oder neue) Begeisterung für die Teamarbeit gewinnen.

Eine kluge Haltung ist nicht das Vergessen, sondern das Akzeptieren und Annehmen der Dinge, die geschehen sind, um dann weiterzugehen. Dazu gehören der Wiederaufbau und der Neuanfang nach einer schwierigen Zeit und uns selbst und anderen eine (neue) Chance zu geben.

Tipp

Um uns selbst und anderen eine (neue) Chance zu geben, hilft Folgendes:

- Die Gefühle richtig einordnen und ihnen einen passenden Platz zuordnen (sie weder aufbauschen noch verleugnen)
- Miteinander über Gefühle sprechen
- Die eigenen und Teamziele verfolgen
- Sich nicht nur von äußerer Motivation abhängig machen, sondern vor allem auf sein Inneres hören
- Verantwortung für sich selbst und die Gestaltung der Arbeitsbeziehungen und Erfüllung der Aufgaben übernehmen
- Mit positiver Haltung den eigenen und gemeinsamen Weg gehen

5.3 Kintsugi für das (Arbeits-)Leben

Von Zeit zu Zeit fallen wir hin, „zerbrechen", oder ein Teil unseres (Arbeits-) Lebens zerbricht. Wir machen eine Krise und eine momentane Schwäche durch. Wenn wir das ignorieren, dauern der Ausweg und der Neuanfang länger. Jetzt ist es wichtig, dass wir Mitgefühl mit uns selbst pflegen.

Wir sollten uns nicht verurteilen und uns nicht mit Vorwürfen zermartern, und genauso wenig sollten wir nach Schuldigen suchen und andere anklagen. Die Leitung kann mit ihrem Team bewusst auf solche negativen Tendenzen achten und andere Wege aufzeigen, mit den Belastungen umzugehen. Sie appelliert an die Teammitglieder, miteinander rücksichtsvoll, fürsorglich und empathisch umzugehen und dies auch für sich selbst in Anspruch zu nehmen. Oft gelingt uns die Empathie besser als das Selbstmitgefühl, und eine Krise ist eine gute Gelegenheit, beides zu üben.

Übung: Den Schatz bergen

Sie und alle Teammitglieder nehmen sich je ein Blatt Papier sowie einen Stift und beantworten schriftlich die nachfolgenden Fragen, zu denen nach etwa 30 Minuten ein Austausch untereinander stattfindet:

- Was hat uns die Krise aufgezeigt?
- Wie sind wir durch sie gewachsen?
- Wo hat sie uns einander näher gebracht?
- Welche positiven Veränderungen haben sich entwickelt?
- Wie können wir unsere Arbeitsbeziehungen verbessern?
- Wie können wir unsere Bedürfnisse besser gegenseitig achten?
- Was können wir für unsere körperliche, geistige und emotionale Gesundheit tun?
- Wie können wir unser (Arbeits-)Leben wertschätzen?
- Wie können wir uns in Gelassenheit üben und uns weniger über Kleinigkeiten aufregen?
- Wie werden wir uns unserer Ressourcen und unserer Stärken bewusst?
- Wie pflegen wir unsere Resilienz?
- Was erfüllt uns mit Sinn und Freude?
- Was gibt uns Zuversicht und Hoffnung?

Tipp

In manchen Naturvölkern trifft man sich morgens und erzählt sich von den Träumen der Nacht. Dann erst wird der Tag nach den Botschaften der Träume geplant.

Die Teammitglieder könnten einmal so an einem Montag in die neue Arbeitswoche starten, nachdem sie am Wochenende ihre Träume aufgeschrieben haben, und in dieser Woche kreative Impulse aus den Träumen umsetzen.

In Träumen verarbeiten wir Geschehnisse, und mancher Traum setzt kreative Potenziale frei, weil in ihm alles erlaubt ist. Wir können eine Vision aus unseren Träumen entwickeln, die uns den Platz in diesem Team und unsere Aufgabe verdeutlicht. Diese gilt es, in der Zusammenarbeit zu realisieren. „Die Vision ist wie ein Leitstern für die Fahrt durch das Leben. Solange wir unseren Kurs auf sie ausrichten, können wir beruhigt sein, dass wir auch da ankommen, wo wir hin wollen" (Frank 2019, S. 39).

Krisen von innen

Nicht immer kommen Teams durch äußere Umstände in eine Krise, genauso ist es möglich, dass sie unproduktive oder sogar destruktive Gewohnheiten miteinander pflegen. Irgendwann hat die Leitung oder ein oder mehrere Mitglieder davon die Nase voll, und es kommt zu Konflikten.

Hier sollte die Leitung mit dem Team die eigenen und gemeinsamen Alltagsmuster in den Blick nehmen und sich fragen:

- Was ist hier das rechte Maß, wie wir miteinander umgehen und arbeiten?
- Welche Denkgewohnheiten sind für die Zusammenarbeit förderlich, und welche sind es nicht?
- Welche Verhaltensweisen führen zu einem positiven Ziel und welche nicht?
- Wo bin ich/sind einzelne Teammitglieder/ist das ganze Team festgefahren?

- ▷ Welche produktiven Ergebnisse und guten Lösungen werden dadurch verhindert?
- ▷ Was oder wer schadet uns mehr, als dass es/er uns hilft?

„So wie die Scherben einer Teeschale passen müssen, damit sie wieder zu einem Ganzen werden können, müssen auch unsere Muster, unsere Gewohnheiten zu uns passen. Nur mit Gewohnheiten, die uns entsprechen, können wir wachsen und gedeihen" (Frank 2019, S. 52). Stimmige und produktive Gewohnheiten machen einen großen Teil der Teamarbeit aus. Wir können und sollten ihr, wenn es nötig ist, durch die Veränderung unproduktiver oder gar destruktiver Muster eine neue Form geben. Die Gewohnheiten im Team sollten der Zusammenarbeit guttun und gute Arbeitsbeziehungen und Ergebnisse fördern.

Tipp

Die Leitung und das Team können sich einer ehrlichen Überprüfung stellen, wenn sie gemeinsam schlechte Gewohnheiten lassen und gute miteinander entwickeln wollen.

Sie können sich fragen, wofür diese Gewohnheiten stehen, was sie vielleicht an echten Bedürfnissen überdecken, ob etwas Wichtiges im Laufe der Zusammenarbeit verloren gegangen ist und was heute (wieder) in die Teamarbeit integriert werden sollte.

„Wer kann schon sagen, ob etwas für unser Leben insgesamt gut oder schlecht ist?"(Ryu 2020, S. 58), fragt der koreanische Autor Shiva Ryu. Er erzählt die Geschichte eines Putzmannes, der fest angestellt werden sollte. Der Chef verlangte eine Mailadresse zur Übermittlung des Vertrages, die der Putzmann nicht hatte. Daraufhin wurde er nicht eingestellt und war am Boden zerstört. Er machte dann sein eigenes Geschäft im Gemüsehandel und war innerhalb von fünf Jahren ein erfolgreicher Großhändler. Es kam ihm die Idee, für sich und seine Familie eine Lebensversicherung abzuschließen, und er sollte wie-

der seine Mailadresse angeben. Er sagte dem Makler, dass er keine habe, woraufhin dieser sich wunderte und fragte, wie er es ohne Mailadresse so weit gebracht hätte? Und was aus ihm geworden wäre, wenn er eine Mailadresse hätte. Der Großhändler antwortete ihm, dass er dann weiter als Putzmann gearbeitet hätte (vgl. Ryu 2020, S. 58–59).
Geraten wir in eine Sackgasse, sollten wir an diesen Putzmann denken, der zum erfolgreichen Großhändler wurde. Die Sackgasse kann bedeuten, dass auf diesem Weg weiterzugehen, uns nicht zu unserer eigentlichen Berufung führt. Wir wissen ja immer erst im Nachhinein, wofür das Ende von etwas gut war. Am Ende hat sich so manches Stopp erst als Sprungbrett für Wachstum und Entwicklung erwiesen. Vielleicht sind wir überhaupt erst an den Punkt gekommen, weil wir etwas unternommen haben, das mit unserem Inneren nicht übereinstimmt? „Für den Kopf mag das nicht nachvollziehbar sein, für unser Herz aber schon“ (Ryu 2020, S. 55).

6 Sind Krisen wirklich unumgänglich? Gedanken über Krisenprävention

Von Wolfgang Hein

Sinnspuren
Der Wind bläst wie verrückt.
Jetzt gut mit sich sein.
Leise
den Sinn erahnen,
der sich mit Vertrauen
erschließen wird.
Anja Mannhard

Wie wir gesehen haben, kommen viele krisenhafte Entwicklungen unwillkürlich auf uns zu. Doch sind wir diesem Geschehen ohne Handhabe ausgeliefert, oder gibt es Möglichkeiten, präventiv zu handeln?

Vier Aspekte möchte ich in diesem Zusammenhang beleuchten:

- Die Krise als Vertrauenskrise
- Den Einfluss der individuellen Wahrnehmung einer Situation als „krisenhaft"
- Eine Art Risikomanagement, wie sie aus Unternehmen bekannt ist
- Die Rolle der Achtsamkeit

6.1 Vertrauen und Krise, Krise und Vertrauen

Aus meiner Erfahrung sind mehrere der geschilderten Arten von Krisen auch Vertrauenskrisen. Gerade Einflüsse aus dem nicht pädagogischen Umfeld, wie z. B. wirtschaftliche Faktoren, erzeugen oft erhebliche Verunsicherung. Mangelnde Information über Ziele und Erwartungen des Trägers, die auch der

Veränderung unterliegen, oder organisatorischer Wandel führen zu Verunsicherung. Konkurrenzsituationen, z. B. bei der Besetzung der Position der stellvertretenden Leitung, führen zu Verunsicherung. Teilt ein tonangebender Teil der Elternschaft das Personal in „gut" und „schlecht" ein, führt dies zur Verunsicherung, und nicht nur bei den getadelten Personen! Steht ein Teammitglied exponiert da wegen einer oder mehrerer Fehlleistungen und weiß nicht, auf wessen Solidarität es zählen kann, ist es ebenso verunsichert, wie andere Teammitglieder, die sich nur schwer zwischen Pro und Kontra entscheiden können. Weitere Beispiele ließen sich nennen. Die Verunsicherung der Beteiligten führt dann häufig zu hektischem Agieren: Es werden Bündnispartnerschaften gesucht und Fronten gebildet; eine sachliche Kommunikation wird erheblich erschwert – die Krise ist da.

Missverständnisse vermeiden

In derartigen Situationen gilt bereits im Vorfeld der Imperativ des bekannten Fortbildners und Fachbuchautors Wilfried Reifarth, den er in mehreren Begegnungen geäußert hat: Kommunikation bedeutet, Fantasien durch Information zu ersetzen (vgl. auch Reifarth 1979)! Rechtzeitige Metakommunikation hilft in den meisten Fällen, Missverständnisse zu vermeiden. Durch ein hohes Maß an Transparenz verbessert sich das Verständnis der Beteiligten für die laufenden Prozesse, und sie können leichter in konstruktive Lösungen eingebunden werden. Wer sich gut informiert fühlt, wenigstens in gewissem Maße Einfluss nehmen kann und darauf vertraut, mit den eigenen Anliegen bei den Mitbeteiligten gut aufgehoben zu sein, hat es nicht nötig, destruktiven Widerstand zu leisten oder Panik zu verbreiten.

Ein Beispiel

Ein privater Bildungsträger hat bis dahin vorwiegend im Auftrag von Rehabilitationskostenträgern gearbeitet. Durch politische Veränderungen bricht die Auftragslage dramatisch ein. Es drohen betriebsbedingte Kündigungen, denn ein neuer Vorstand fährt einen harten Sanierungskurs.

Die Führungskraft der Beispielabteilung informiert die Belegschaft regelmäßig zeitnah über die neuesten Entwicklungen. Sie vertritt die Auffassung, dass durch aktive Maßnahmen das Schlimmste zu verhindern ist. Es bilden sich Arbeitsgruppen, die neue Konzepte ausarbeiten für

- *die Gewinnung neuer Zielgruppen,*
- *die Entwicklung neuer Bildungsangebote sowie*
- *die Erarbeitung neuer Marketingstrategien.*

Für die Zeit, bis diese Maßnahmen greifen, initiiert die Führungskraft Möglichkeiten für Teile der Belegschaft, in anderen Abteilungen tätig zu werden. Sie hält engen Kontakt zum Vorstand und überzeugt dort hinsichtlich der gebotenen Chancen eines solchen Vorgehens. Als die Situation einmal besonders kritisch ist, wird einvernehmlich für einige Monate Kurzarbeit beantragt und durchgeführt. Nach Ablauf von 18 Monaten ist die Trendwende erkennbar, nach einem weiteren Jahr ist die Abteilung wieder in wirtschaftlich sicherem Fahrwasser.

Sicherlich hatten im Verlauf verschiedene Mitarbeitende Ängste, aber stets auch Perspektiven. Die Belegschaft hat erfahren, dass gemeinsames Ziehen an einem Strang Erfolg versprechend ist und dass die Führungskraft auch bei enger Anbindung an den Vorstand das Wohl der Mitarbeitenden im Auge hatte. Letztlich ist niemandem etwas Schlimmes passiert, und die erarbeiteten Innovationen brachten auch Arbeitszufriedenheit hervor. Diese Gewissheiten bewährten sich kurze Zeit darauf, als durch eine neue Ausbildungsverordnung schon wieder ein Umbruch anstand, der gut und gerne zu einer Krise hätte führen können. Wiederum konnte diese durch Transparenz, Beteiligung und rechtzeitige offensive Reaktion vermieden werden.

Tipp

Als Führungskraft werden Sie sowieso regelmäßig, meist einmal jährlich, Personalentwicklungsgespräche mit den Mitarbeitenden führen. Schaffen Sie auch weitere Gelegenheiten, „das Ohr an die Sorgen der Mitarbeiterschaft zu halten", etwa durch bestimmte Zeiten der „offenen Bürotür" und andere informelle Gesprächssituationen. Die investierte Zeit bekommen Sie mit Zinsen zurück, wenn Sie eine krisenhafte Entwicklung im Vorfeld unterbinden können.
An Mitarbeitende geht begleitend der Appell: Tragen Sie nicht zu lange mit sich herum, was Ihnen Mühe macht. Auch wenn Sie nicht mit Dankbarkeit überschüttet werden: Auf Probleme in einem frühen Stadium aufmerksam zu machen, dient dem Wohl des Ganzen und kann dieselben gering halten.

6.2 Ist das nun schon eine Krise?

Ich komme noch einmal zurück auf die im Geleitwort erwähnte systemische lösungsorientierte Therapie nach Steve de Shazer. De Jong und Berg (De Jong/Berg 2003, S. 316) weisen darauf hin, dass eine Krise nicht so sehr an der Situation an sich festzumachen ist, sondern an der Wahrnehmung und Reaktion des Individuums auf diese Situation. Aus dieser Erkenntnis ergeben sich Möglichkeiten für die Führungskraft, auf den weiteren Verlauf des Geschehens Einfluss zu nehmen. Ob nämlich ein Ereignis oder eine Situation als unerträgliche Schwierigkeit wahrgenommen wird, die die Möglichkeiten und Anpassungsmechanismen des Teams übersteigt, oder ob Zuversicht herrscht, diese – wenn auch mit Anstrengung – zu bewältigen, kann diskutiert werden. Die Führungskraft könnte selbst eine relativ optimistische Situationsbeschreibung liefern und mit lösungsorientierten Fragen die Fähigkeiten der Teammitglieder zur Anpassung an neue Situationen und Anforderungen „hervorlocken". Die Fokussierung auf in der Vergangenheit bereits erfolgreiche Strategien und neue kreative Ideen leitet den Tunnelblick auf die Probleme um und motiviert dazu, sich Ziele zu setzen und zu verfolgen.

▼▼▼ Wo steht das Team?

Auch sogenannte Skalierungsfragen (Was ist die schlimmste Möglichkeit, wie die Situation sich entwickeln könnte?, Welchen Ausgang streben Sie an?, Wo auf der Skala dazwischen stehen wir gerade?, Welcher Schritt bringt uns dem Ziel ein Stück näher? etc.) können helfen, die Wahrnehmung der Situation in einen anderen Kontext zu setzen und in der Folge mehr von einer Aufgabe als von einer Krise zu sprechen. Die Führungskraft signalisiert mit einer solchen Haltung, dass sie auch in schwierigen Situationen gewillt ist, zu führen, und die Mitarbeitenden gut daran tun, sich um sie zu scharen und sie zu unterstützen. Konkrete Perspektiven lösen die Verunsicherung auf.

▲▲▲ Ein (zugegebenermaßen vereinfachtes) Beispiel

In einer Tageseinrichtung für Kinder mit zwei Gruppen ist die Einrichtungsleitung (L) bei einer wöchentlichen Arbeitszeit von 39 Stunden mit fünf Stunden für betriebliche und acht Stunden für pädagogische Leitungsaufgaben freigestellt, mithin mit 33,33 %. Sie ist als Fachkraft der Gruppe 1 zugeordnet. Dort sind neben ihr eine Vollzeitkraft (A) und eine Teilzeitkraft (B) mit zehn Stunden Wochenarbeitszeit tätig. Die Gruppe 2 wird von einer Vollzeitkraft (stellvertretende Leitung, C) und einer Teilzeitkraft (D) mit 33 Wochenstunden geführt.

Die stellvertretende Leitung C, die seit über 20 Jahren und damit am längsten von allen Mitarbeitenden in der Einrichtung tätig ist, die besten Verbindungen ins Dorf hat und als Garantin eines stabilen Betriebsablaufs gilt, überrascht das Team mit der Ankündigung, zum nächsten Monatswechsel aus persönlichen Gründen aus dem Dienst auszuscheiden und zuvor ihren Resturlaub zu nehmen.

Nach kurzem Schockzustand setzt die Leiterin L umgehend eine außerordentliche Dienstbesprechung an und bittet die Kolleginnen, zunächst ihre Befindlichkeit zu dieser Situation mitzuteilen und dann – jede für sich – zu notieren, welche Veränderungsmöglichkeiten und welches persönliche Potenzial sich in dieser Lage ergeben. Ein Brainstorming erbringt Nennungen aus den Bereichen Konzeption, Arbeitszeitverteilung und Organisation.

Die Leitung bittet die in ihrer Gruppe tätige Vollzeitkraft A, gemeinsam mit der Kollegin D aus Gruppe 2 Veränderungen des konzeptionellen Angebots zu formulieren. Sie selbst widmet sich mit ihrer Teilzeitkraft B den organisatorischen Fragen. Für die Überbrückung wird eine vorübergehende Erweiterung der Arbeitszeit der Teilzeitkräfte mit dem Träger vereinbart. Am Ende steht eine Öffnung der vorher fixierten Gruppenstruktur mit bedarfsangepassten, mehr und weniger betreuungsintensiven Tageszeiten. Die Vollzeitkraft A übernimmt die Leitung der Gruppe 2, wird stellvertretende Leitung und erhält per Delegation eine Teilfreistellung von der Leitung L. Die Leitung L tritt dafür wieder stärker ins pädagogische Geschehen ein. Die Teilzeitkraft B der Gruppe 1 stockt auf 20 Wochenstunden auf. Eine weitere Teilzeitkraft (E) wird mit 25 Wochenstunden eingestellt und bringt sich mit einem bisher nicht vorhandenen didaktischen Schwerpunkt ein. Vier Wochenstunden verbleiben für die Einbindung von besonderen Angeboten, wie Musikerziehung, frühem Englischunterricht etc.

Somit hat die Leitung neben der möglichen Problematik, die durch den Weggang der Kollegin zu entstehen drohte, auch das Verbesserungspotenzial im anstehenden Wandel erkannt und diese Sichtweise auch den Mitarbeitenden vermitteln können. Diese wurden in die aktive Bewältigung der Situation einbezogen und konnten selbst für sich Chancen wahrnehmen. Durch die rasche Erarbeitung von Lösungsvorschlägen konnte auch der Träger dafür gewonnen werden. Er musste nicht selbst Abhilfe für die Störung im Betriebsablauf erarbeiten, sondern bekam die Lösung serviert. L könnte sagen: Das ist keine Krise. Das ist Organisationsentwicklung!

Übung

Versuchen Sie, Ereignisse in Ihrem Alltag positiv zu konnotieren, d.h. zu der neutralen Beschreibung eines Sachverhaltes eine positive Nebenbedeutung zu finden.

Wenn es z.B. mehrere Stunden regnet, werden wenigstens die Grundwasserspeicher nach der Trockenheit wieder aufgefüllt. Wenn das Auto nicht anspringt, ist dies immerhin Anlass, durch die Werkstatt einmal alle kleinen Mängel beheben und bei der Gelegenheit gleich die Winterreifen montieren zu lassen. Je öfter Sie das tun, desto besser werden Sie neben Problemen auch Chancen erkennen können.

Die Methode wird in der systemischen Familientherapie ebenso verwendet wie im Coaching auf der Basis des Neurolinguistischen Programmierens (NLP), geht aber auf die grundlegende Arbeit von Paul Watzlawick zurück (siehe z.B. Watzlawick et.al. 1974, S.116ff.). Dies gilt gleichermaßen für das „Reframing", also ein Ereignis oder Verhalten in einen anderen Rahmen zu stellen und so neu zu bewerten. Ähnliches gilt für das sogenannte „Umfokussieren" nach Gunther Schmidt (vgl. Mauritz o.J.): Ist eine Person auf ein Problem fokussiert, nimmt dieses tendenziell ihren gesamten Wahrnehmungsraum ein. Die Fokussierung auf eine andere Fragestellung oder Aufgabe löst diese Fixierung auf und relativiert das Problem in seinem Ausmaß und seiner Bedeutung. Handlungsfähigkeit wird zurückgewonnen.

Tipp

Die beschriebenen Veränderungen des Blickwinkels gelingen häufig besser mit externer Unterstützung. Regelmäßige Supervision für das gesamte Team bringt dabei sicherlich die besten Ergebnisse, doch ist auch schon ein bedarfsorientiertes Coaching der Führungskraft eine nicht zu unterschätzende Ressource, gerade bei der Krisenprävention.

6.3 Risikomanagement

In Unternehmen – und mittlerweile auch in Tageseinrichtungen für Kinder – wird der Qualitätsentwicklung große Bedeutung beigemessen. Bereits in den 2000er-Jahren habe ich als Fortbildner auf diesem Sektor ganz Baden bereist und fast 500 Erzieherinnen und Erzieher in die Thematik eingeführt. Für Unternehmen, aber womöglich noch nicht so sehr für Einrichtungen des Sozialwesens gehört dazu ein systematisches Risikomanagement. Sicherlich geben Kundenbefragungen (Kinderkonferenz, Elternfragebogen etc.) schon wichtige Hinweise darauf, an welchen Stellen evtl. Probleme entstehen könnten. Marktbeobachtung, Konkurrenzanalyse, Expertenbefragungen zu neuen Trends usw. werden oft dem Träger oder der Fachberatung überlassen, sofern sie überhaupt stattfinden. Dadurch geraten auch spezielle, vor Ort wirksame Faktoren aus dem Blick.
Die Kapazität für die Anwendung ausgefeilter Methoden der Risikoanalyse und -bewertung ist in einer Tageseinrichtung für Kinder wohl nicht vorhanden, jedoch kann in gewissem Umfang auch hier eine vorausschauende Einschätzung und Vorbereitung auf den Fall X erfolgen.

Gibt es eine wöchentliche Dienstbesprechung, so kann beispielsweise einmal monatlich eine halbe Stunde eingesetzt werden für die Fragestellung: **Was kann eigentlich passieren, wenn ...**

- Personalknappheit eintritt,
- ein Raum unbenutzbar wird (z. B. Wasserrohrbruch, Sturmschaden),
- eine Aufsichtspflichtverletzung (mit/ohne Personenschaden) festgestellt wurde,
- es in der Gemeinde künftig weniger Kinder gibt,
- massive Beschwerden eingehen
- usw.?

Diese Themenliste könnte im Büro an der Wand hängen und stetig ergänzt werden. Die Erörterung solcher Szenarien geschieht ohne den Druck der unmittelbar zu bewältigenden Situation wesentlich entspannter, und die vorausschauend entwickelten Lösungsmöglichkeiten erhalten eine breitere kreative Basis.

Die zugehörigen Fragen könnten z. B. lauten:

- Wie wahrscheinlich ist es, dass dieses Ereignis eintritt? (Die Antwort hilft bei der Priorisierung.)
- Wer hat Erfahrung mit derlei Situationen? Wer könnte bei der Bewältigung hilfreich sein?
- Wie erkennen wir, dass wir auf eine solche Situation zusteuern? Wer könnte entsprechende Hinweise liefern?
- Welche Fehler sind in der Vergangenheit aufgetreten, welche Folgen hatten sie, und wie wurde die Situation aufgelöst?
- In welchem Grad haben wir im laufenden/vergangenen Jahr unsere selbst gesetzten Ziele erreicht?
- Gibt es Musterlösungen, die es sich zu dokumentieren lohnt? Wer kennt Best-Practice-Beispiele?
- u. v. m.

Tipp

Lassen Sie sich auf die Mühe einer fortlaufenden Dokumentation ein, Sie werden es sich einst danken. Wenn Sie nach Ablauf eines Jahres oder eines noch längeren Zeitraums auswerten, wie sich die eingebrachten Fragen und die Antworten darauf entwickelt haben, wird dies Ihnen neue Erkenntnisse zum eigenen Krisenverständnis und dem Ihres Teams vermitteln. Ziel einer solchen Auswertung wäre u. a. eine Priorisierung der Fragestellungen und damit eine Lenkung der Aufmerksamkeit auf entstehende Risiken.

6.4 Die Rolle der Achtsamkeit

Verschiedene Autorinnen und Autoren haben sich mit typischen Verlaufen von Krisen beschäftigt und dabei in den einzelnen, von ihnen definierten Phasen wiederum typische Verhaltens- und Umgangsweisen Betroffener bzw. Beteiligter gefunden; so z. B. Erika Schuchardt, Verena Kast, Johan Cullberg und Gerald Caplan.
Bereits im Vorfeld einer krisenhaften Entwicklung zeigen sich oftmals Anzeichen, die bei den Beteiligten ein Unbehagen hervorrufen. Es ist in der Regel schwer, dieses auf konkrete Zusammenhänge zurückzuführen. Eine häufige Reaktion Beteiligter ist die Tendenz zur Verdrängung, beispielsweise durch verstärkte Konzentration auf bestimmte berufliche Aufgaben oder durch Ablenkung hin zu privaten Themen. Betroffene versuchen, eine mögliche Bedrohung nicht zur Kenntnis zu nehmen. Auch in weiteren Phasen des Krisenverlaufs dominieren noch Formen der Abwehr, bevor die Krise als solche angenommen wird und die Bewältigung beginnen kann.

Achtsamkeit stärkt Wahrnehmung

Regelmäßiges Bemühen um Achtsamkeit eröffnet den Zugang zu mehr oder weniger instinktiven Wahrnehmungen. Bin ich mit meinen Werten, Wünschen und Impulsen im Einklang mit dem aktuellen Geschehen um mich herum? Gibt es etwas, das sich störend anfühlt? Hierbei muss Achtsamkeit noch nicht einmal im ursprünglichen buddhistisch-religiösen Sinn verstanden werden. In einem psychologischen Sinn von Achtsamkeit geht es darum, einen inneren Beobachter registrieren zu lassen, was mit dem eigenen Organismus im konkreten Augenblick (Hier und Jetzt) vorgeht, wie Gefühle und Gedanken kommen und gehen, ohne diese gleich zu bewerten und womöglich zu bekämpfen. Eine innere Distanzierung von diesen Gedanken und Gefühlen kann ihnen bereits viel von ihrer Brisanz nehmen. Sie zu notieren, gibt Hinweise darauf, welche Themen die Person für bearbeitenswert hält.

Achtsamkeitsübungen sind in einschlägigen Internetportalen vielfältig zu finden. Uns interessiert hier vorwiegend das Potenzial, frühzeitig Anzeichen krisenhafter Entwicklungen zu erkennen, doch wird die eine oder der andere womöglich auch darüber hinaus Gefallen daran finden.

Tipp

Hören Sie als Führungskraft auch auf teilweise sogar körperlich spürbares Unbehagen beim Gedanken an bestimmte Themenbereiche, auch auf das Unbehagen von Mitarbeitenden, soweit Sie Kenntnis davon erlangen, und gehen Sie dem auf den Grund, was dahintersteckt. Versuchen Sie, eine gewisse Systematik in die Erörterung der Risiken und die zugehörige Dokumentation zu bringen. Sie werden seltener unvorbereitet von Ereignissen betroffen und stärken das Bewusstsein im Team, dass auch unangenehme Situationen zu bewältigen sind. Achtsamkeit erweitert die Kapazität der Wahrnehmung potenziell kritischer Themen.

6.5 Fazit

Wie wir sehen, haben wir also doch die Chance, der einen oder anderen Krise zu entgehen, wenn der gute Wille bei den Beteiligten vorhanden ist und insbesondere Führungskräfte den Mut und die Entschlossenheit aufbringen, offen die erforderlichen Informationen zur Verfügung zu stellen, die Anliegen der Mitarbeitenden aufzunehmen und nach Lösungen gemeinsam zu suchen. Das Vertrauen der Mitarbeitenden müssen sie sich jedoch zunächst erarbeiten, damit daraus schließlich Gefolgschaft (Commitment) wird und ihre Entscheidungen auch dann einmal Akzeptanz finden, wenn sie vordergründig nicht allen Interessen gleichermaßen gerecht werden. Das Vertrauen erstreckt sich dann auch darauf, dass ein heute geleisteter Verzicht im Interesse des Ganzen bei nächster Gelegenheit estimiert und bestmöglich ausgeglichen wird.

„Drum ihr Bürger, drum ihr Brüder, alle eines Bundes Glieder, [...] thun wir, thun wir denn dazu!“ (Harnisch, 1845)

Nachwort

Glückseinwärts
Die Schicksalsweichen
glückseinwärts
denken, stellen, gestalten
Anja Mannhard

Nicht enden, wo es weitergehen könnte *ODER*
Warum wir manchmal Umwege gehen müssen, um anzukommen

Ein funktionierendes Team braucht keine Krise, um sich weiterzuentwickeln. Es kann auch ohne reifen. Wenn es aber in einer steckt, lohnt es sich für jedes Teammitglied, hinzusehen und hinzuhören, was sie einem sagen will und wie man sie gemeinsam bewältigen kann. Die meisten Krisen sind eine Zäsur. Danach schauen wir anders auf gewisse Aspekte unseres (Arbeits-)Lebens, und wenn wir durch die Krise etwas gewonnen haben, schätzen wir mehr, was wir haben. Wir sind dankbar für bestimmte Entwicklungen, die uns zeigen, wie wir mehr unsere beruflichen und persönlichen Talente im Job leben können, wie wir an Einschränkungen und Verlusten gewachsen sind und wie wir die Arbeitsbeziehungen wertvoller und konstruktiver gestalten. Etwas gemeinsam durchzustehen, schweißt das Team zusammen. Die Krise trennt die Spreu vom Weizen: Wer ist ein/e echte/r Teamplayer/in und wer passt (auf Dauer) nicht zu uns?

Neue Möglichkeiten ergeben sich

Durch den Prozess gereift zu sein, erweitert Verhaltensmöglichkeiten, vertieft die Erlebnisfähigkeit der Arbeit und verschafft nicht selten Zuversicht, auch weitere Krisen positiv bewältigen zu können. Veränderungen als Chance anzunehmen, bedeutet, sich mit den herausfordernden Umständen aktiv und konstruktiv auseinanderzusetzen. Der Schatz, der sich hier bergen lässt, ist die Wahrnehmung neuer Arbeits- und Lebensmöglichkeiten. Das Ausgraben dieses Schatzes kostet Kraft und Anstrengung, denn erst einmal entzieht sich das, was wir bislang für selbstverständlich angenommen und worauf wir uns ein Stück weit verlassen haben. Stellen wir uns der Dynamik der Krise und ducken uns nicht weg, nutzen wir sie und nehmen durch proaktive Verhaltensweisen wahr, dass wir uns auf uns selbst und das Team verlassen können.

Reifung und Wachstum

Verena Kast spricht gar von einem schöpferischen Sprung, der durch die Krise möglich wird: „Eine Krise kann […] eine Situation sein, in der etwas Neues in unser Leben will […] und vergangene Überzeugungen, aber auch alte Beziehungseigentümlichkeiten neuem Erleben und Verhalten geopfert werden müssen. Wenn man eine Krise so versteht, dann ist das eine Lebenssituation, in der es wirklich um einen schöpferischen Sprung geht, darum, dass man vorwärts schaut, auf die Zukunft bezogen ist und das Leben in einer neuen Weise wieder gestaltet. Es geht aber nicht nur um einen schöpferischen Sprung, um eine wichtige Neuorientierung im Leben, sondern meistens auch um eine Reifung im Sinne der Ausdifferenzierung und Ausweitung der Persönlichkeit" (Kast 2017, S. 215). Was ermöglicht eine Krise? – Dass wir unsere Prioritäten neu und stimmiger setzen und neu bewerten, was uns wirklich wichtig in unserem (Arbeits-)Leben ist. Wir beziehen uns neu auf uns selbst und die Menschen, mit denen wir arbeiten.

Ich danke Herrn Wolfgang Hein für sein Geleitwort zu diesem Buch und seine wertvollen Gedanken zur Prävention von Krisen in Form eines Kapitels und wünsche Ihnen, liebe Leserinnen und Leser, einen zuversichtlichen und erfolgreichen Umgang mit der nächsten Krise (oder Sie schlagen ihr im Sinne der Prävention ein Schnippchen)!

Anja Mannhard

Literatur

Brounstein, M. (2009): Gute Teamarbeit für Dummies. Weinheim: WILEY – VCH Verlag

De Jong, P. / Berg, I. K. (2003): Lösungen erfinden. 5. Auflage, Dortmund: Verlag Modernes Lernen

Erikson, E. H. (1966): Identität und Lebenszyklus, Frankfurt/Main: Suhrkamp

Frank, P. A. (2019): Kintsugi. Die Kunst, unsere Wunden zu heilen. München: GU

Harnisch, A. (1945): Ob wir rothe, gelbe Kragen | Bürgervereins-Lied. In: Historisch-kritisches Liederlexikon http://www.liederlexikon.de/lieder/ob_wir_rote_gelbe_kragen/editiona [Zugriff am 15. 04. 2021]

Kagge, E. (2020): Gehen. Weiter gehen. Berlin: Insel Verlag

Kast, V. (2017): Der schöpferische Sprung. Ostfildern: Patmos

Kunz, S. / Scheuermann, U. / Schürmann, I. (2009): Krisenintervention. Ein fallorientiertes Arbeitsbuch für die Praxis und Weiterbildung. Weinheim: Juventa

Kürschner-Kloiber, M. (2020): Mit Resilienz durch die Krise, https://www.planet-wissen.de/gesellschaft/psychologie/resilienz/resilienz-krise-100.html, 07. 10. 2020 [Zugriff am 11. 10. 2020]

Mannhard, A. (2021): Biografiearbeit. Die innere Schatzsuche. München: Scorpio

Mannhard, A. (2020 a): Powerfrau Erzieherin. Du bist stark! Du bist gesund! Hamburg: Auer

Mannhard, A. (2020 b): (Mentales) Selbstmanagement. Aachen: Bergmoser & Höller

Mannhard, A. (2020 c): Alles hat seine Zeit. Den Wandel der Jahreszeiten zur Persönlichkeitsentwicklung nutzen. Mit Kindern wachsen, Ausgabe 4, Seite 32–37. Freiburg: Lambertus

Mannhard, A. (2020 d): Führen im Sandwich. Berlin: Cornelsen Verlag

Mannhard, A. (2019): Kita-Recht – ein praktischer Überblick. Einzelheft „Bausteine KiTA-Leitung & Team“ 06/2019. Bergmoser + Höller Verlag

Mannhard, A. (2018 a): Was wir von MOMO lernen können oder Zeit ist Leben. Praxishandbuch Elementarpädagogik, Ausgabe 8, Seite 1–16. Kulmbach: MGO Fachverlage

Mannhard, A. (2018 b): Praxisanleitung und Ausbildung in der Kita. Berlin: Cornelsen Verlag

Mannhard, A. (2018 c): Der Lebensspur folgen. Biografiearbeit für Erzieherinnen und Erzieher. Freiburg: Herder

Mannhard, A. (2018 d): Mobbing, Bossing, Straining oder Staffing. Konfliktklärung innerhalb der Hierarchie in der Kita. In: Lipowski, H. (Hrsg.): Zukunfts-Handbuch Kindertageseinrichtungen. Regensburg: Walhalla

Mauritz, S. (o. J.): Was ist Umfokussierung? https://www.resilienz-akademie.com/umfokussierung/ [Zugriff am 14. 04. 2021]

Mayer, H. (2020): Achtsam leben. München: Scorpio

Navarro, T. (2019): Kintsugi. Die Kunst, emotionale Verletzungen zu heilen. München: Kösel

Osterloh, T. (2017): Stark im Wandel. München: GU

Reifarth, W. (1979): Theorien menschlicher Interaktion und Kommunikation. Frankfurt/Main: Eigenverlag des Deutschen Vereins für öffentliche und private Fürsorge

Ryu, S. (2020): Setze keinen Punkt an die Stelle, an die Gott ein Komma gesetzt hat. München: Scorpio

Schmidt, G. (2007): Systemische und hypnotherapeutische Konzepte für Coaching & Persönlichkeitsentwicklung, Team-und Organisationsberatung, Audiotorium Netzwerk Verlag Müllheim (Hörbuch)

Wardetzki, B. (2019): Loslassen & dranbleiben. Wie wir Veränderungen mutig begegnen. München: Kösel

Watzlawick, P. / Weakland, J. / Fisch, R. (1974): Lösungen. Zur Theorie und Praxis menschlichen Wandels. Bern – Stuttgart – Wien: Hogrefe

Wirth, Jan v.: Krise?! – ein allgemeiner Zugang … https://www.systemisch-arbeiten.info/index.php/forschen/theorie/kritik/117-krise, 18.04.2019 [Zugriff am 10.11.2020]

Zwick, J. / Hautzinger, M. (2018): Dem Leben wieder Farbe geben. Weinheim: Beltz

© Cornelia Pelz

Autoreninfo

Anja Mannhard ist Geprüfte Personalfachkauffrau und Ausbilderin IHK, staatlich anerkannte Lehrlogopädin und Erzieherin, Personzentrierte Beraterin, Referentin, Autorin und Illustratorin. Nachdem sie viele Jahre in eigener logopädischer Praxis und in der Aus- und Weiterbildung pädagogischer und logopädischer Fachkräfte tätig gewesen war, leitete sie mehrere Jahre große Kindertageseinrichtungen und war als Kindergartengeschäftsführerin und Referentin tätig. Heute arbeitet sie als Logopädin, Autorin und Illustratorin.

Anja Mannhard hat zahlreiche Publikationen mit renommierten Verlagen veröffentlicht und mehrere Titel selbst illustriert, darunter auch Kinder- und Jugendbücher. Ihre Arbeitsthemen sind Führung, Persönlichkeitsentwicklung, Arbeits- und Kita-Recht, Praxisanleitung und Ausbildung, Biografiearbeit, philosophische Betrachtungen, Kinderzeichnung, kreatives Schreiben und Illustrieren, Kindersprache, Stimme und Sprechen.

Weitere Informationen und die Kontaktdaten der Autorin finden Sie online auf ihrer persönlichen Website.

© Wolfgang Hein

Wolfgang Hein war pädagogischer Leiter einer Einrichtung der Erziehungshilfe, Dozent und dann Leiter einer Fachschule für Sozialwesen, Mitglied der Geschäftsführung eines Bildungsträgers und tätig als Supervisor und Fortbildner in verschiedenen Feldern der sozialen Arbeit.